穴埋め式 施工がわかる建築生産入門ワークブック

一般社団法人 日本建設業連合会 編
イラスト 川﨑一雄

彰国社

本書作成メンバー

監修

一般社団法人 日本建設業連合会 建築生産委員会施工部会

部会長

木谷 宗一（竹中工務店）

穴埋め式 施工がわかる建築生産入門ワークブックWG

主査

木谷 宗一（竹中工務店）

委員

井ノ口 浩一（竹中工務店）

加藤 亮一（とうりょう）

中村 敏昭（戸田建設）

芦沢 保裕（竹中工務店）

池田 宏俊（大成建設）

三原 斉（ものつくり大学）

イラスト

川﨑 一雄（川﨑パース工房）

ブックデザイン

宇那木 孝俊（宇那木デザイン室）

はじめに

　2017年秋、建設業の担い手を育成し、魅力発信につなげる目的のもと、企業と大学のメンバーで力を合わせて『施工がわかるイラスト建築生産入門』を編纂しました。これまで詳細に語られることが少なかった施工現場の様子や工事・技術の詳細を、イラストと分かりやすい解説で表現することで、建築学科の学生や技術系・事務系の社会人にも、建築生産の現場の業務が手に取るように理解できると大きな反響を呼びました。建設業界を大きく取り巻く「生産性革命」「働き方改革」「人づくり革命」までを包含した、時代を反映した強いメッセージも込められています。

　私たちは今回、読者へのニーズを考え、本の内容をより深めることのできる建築生産入門書としてのワークブックをまとめました。本書は、従来の「建築生産」分野の演習問題とはコンセプトが異なっています。
　既刊『施工がわかるイラスト建築生産入門』では、建設業を志す学生やゼネコン・サブコンの若手社員が、仮想のゼネコン社員として超高層ビルの建設に携わり、着工から竣工、維持保全までの広範なプロセスを経て成長していく姿を疑似体験できるようになっています。そこで、その本の流れに完全に沿って各章を構成し、キーワードを習得できるようにすれば、建築生産のしくみや技術力が自然に身についていくと考えました。

　このワークブックは、語群の中から語句を選び、空欄を埋める記述形式としました。どの項目も、建築生産において最初に学ばなければならない基本となるものを選択しています。語句を自分で書き込むという取組みは、全体の流れの中でポイントをつかむことができ、また、繰り返すことでより習熟度が増します。人は文字によって「考える・理解する・覚える」のプロセスを踏みながら成長していくことができます。「手」は第二の脳、「文字」は万国共通、意思伝達の手段でもあります。パソコン全盛の時代に、あえて「書いて、覚える」ことを一番の習得方法としました。

　このワークブックを『施工がわかるイラスト建築生産入門』と併せて学習することにより、ものづくりの現場の面白さ、専門業の多様性など、ひいては建設業が魅力ある業界であることを感じていただければ幸いです。

一般社団法人　日本建設業連合会
建築生産委員会施工部会
部会長　**木谷 宗一**

目次 contents

3 　はじめに

Part 1　建築生産のしくみ
- 5
- 6 　ものづくりのしくみを知っておこう
- 8 　それぞれの役割
- 10 　建築生産の流れ
- 12 　工事に携わる人々と組織体制
- 14 　工事に携わるサブコンの技能労働者とその役割
- 16 　新しいサブコンの技能労働者「登録基幹技能者」
- 18 　工事管理（建築施工）

Part 2　着工から竣工まで
- 23
- 24 　01　準備工事
- 28 　02　山留め工事
- 30 　03　杭工事
- 32 　04　土工事（掘削工事）
- 34 　05　地下躯体工事
- 50 　06　地上躯体工事
- 58 　column　地震に対応する技術——耐震・制震（制振）・免震
- 60 　07　外装仕上工事
- 74 　08　内装仕上工事
- 86 　09　設備工事
- 98 　10　外構・その他工事

Part 3　維持・保全・改修工事
103

Part 4　解体工事
111

117　関連キーワード

Part 1
建築生産のしくみ

Part 1 建築生産のしくみ

ものづくりのしくみを知っておこう

学習のポイント

建築生産は、製造業のものづくりとは大きく異なり、ライン生産ではなく一品生産で、建築物ごとに企画・設計・施工から維持管理までの多くのプロセスがかかわります。そのプロセスの中でそれぞれの役割があり、時系列に流れる各工程に従って「ものづくり」が行われます。これらを理解し、敷地の違い、建築物の違い、工期の違いなど、難易度が異なる「ものづくり」に携わる施工管理技術者の管理とはどういうものか、技能労働者の役割とは何かを学びましょう。

演習問題

ものづくりのしくみに関する次の文章もしくは図の〔　　〕部分に、次頁の語群の中から最も適当なものを選んで、記述しなさい。

建築生産のしくみ

建築プロジェクトでは、ひとつの建築物をつくるために、企画・設計・施工および建築物の〔①　　　〕等が行われる。これらの一連の建築行為の総称を〔②　　　〕という。〔③　　　〕は、プロジェクトにおいて、計画、設計に従って、建築物を構築する作業をいう。工事現場において総合工事業者（ゼネコン）は、〔④　　　〕が主な役割であり、建築工事を実施するための詳細な施工図面を作成し、忠実に具現化する。

建築生産にかかわる主な人々は、〔⑤　　　〕（発注者、施主）、設計者、〔⑥　　　〕、施工管理技術者（ゼネコンの現場監督）、技能労働者（サブコンの技能者、職人）である。

建築生産にかかわる主な人々

企業の社会的責任

　企業の社会的責任（CSR:Corporate Social Responsibility）とは、企業が〔⑦　　　　〕を追求するだけではなく、組織活動が社会に与える影響に責任をもち、あらゆる〔⑧　　　　　　　　〕（利害関係者）からの期待や要請に応えていくことを指す。企業が社会に与える影響に対して大別すれば4つの責任がある。①法的責任、②経済的責任、③倫理的責任、④〔⑨　　　　　〕的責任、この4つの責任を果たし、企業を取り巻くステークホルダーと信頼関係を築き、ステークホルダーの意見も反映させながら〔⑩　　　　　〕を高め、その永続性を実現させ、持続する社会を築いていく活動がＣＳＲである。

※ IR（インベスター・リレーション）：投資家説明

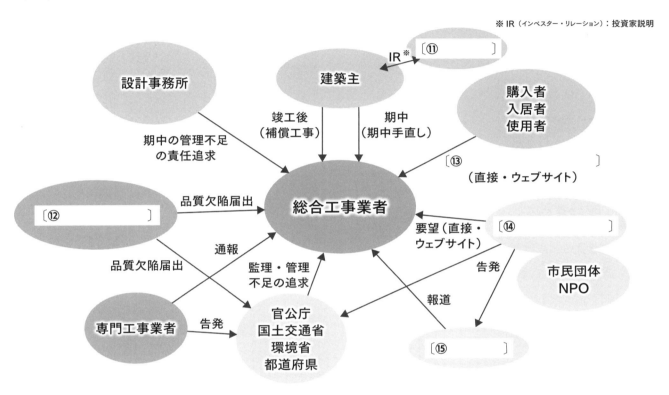

総合工事業者とステークホルダーとの関係

・法的責任：遵法責任を果たすこと
・経済的責任：営利組織として〔⑯　　　　　〕やサービスを提供し、利益を追求すること
・倫理的責任：法的責任を超えて〔⑰　　　　　〕に基づき自己統制的に取り組むこと
・社会貢献的責任：地域、国家、地球に対して貢献すること、〔⑱　　　　　〕の解決に取り組むこと

語群

品質問題・要望　ステークホルダー　維持管理　建築生産　一般（近隣）　株主　施工管理　建築主
マスコミ　企業の価値　サプライヤー　工事監理　影響　社会的課題　良い商品　永続性　工事監理者
技術者倫理　建築施工　社会倫理　利益　社会貢献

Part 1　建築生産のしくみ

それぞれの役割

演習問題　役割に関する次の文章の〔　　〕部分に、次頁の語群の中から最も適当なものを選んで、記述しなさい。

建築主とは

建築主は、発注者や注文者または〔①　　　〕・事業主と呼ばれることがある。

また、建築主は個人である場合と、会社のような組織である場合がある。〔②　　　〕の建築工事では、国や〔③　　　〕が発注者となることが多い。建築主は、建築物を建てるため、または、その後の建築物を〔④　　　〕するための企画をし、工事を発注する者である。

設計者とは

設計者は、設計業務において、建築主の〔⑤　　　〕を形にするため、建築主から設計の依頼を受けて業務を行い（〔⑥　　　〕という）、設計図、〔⑦　　　〕などを作成する。

工事監理者とは

工事監理者は、建築主から監理を受託し（監理業務委託契約という）、設計図どおりに建設現場での工事が行われているかどうかを確認し、〔⑧　　　〕があれば適宜、建築主に報告し、施工管理技術者に対して〔⑨　　　〕などを行う。

工事監理者は、建築主と施工者の間に立ち、常に〔⑩　　　〕の立場を守って客観的に出来栄えなどを評価し、〔⑪　　　〕することが求められる。

設計者が作成する図面とは

設計図には大きく分けて、意匠図、〔⑫　　　〕、設備図の3つがある。

これら3つの図面は意匠設計者、構造設計者、設備設計者がそれぞれ打合せを行いながら、〔⑬　　　〕を行う。大切なことは、三者の各図面の〔⑭　　　〕がとられていることである。

施工者とは（ゼネコンの施工管理技術者とサブコンの技能労働者）

施工管理技術者は、ゼネコン（総合工事業：General Contractor）の〔⑮　　　〕であり、建築

主から工事を一括して請け負い（請負契約）、建設現場での〔⑯　　　　　〕を行う。建築生産活動の中枢に位置し、総合的な〔⑰　　　　　〕が求められる。一般的に、ゼネコンは、建築主から一括請負方式で建設工事を受注し、必要な資材の〔⑱　　　　　〕やサブコン（専門工事業：Sub-Contractor）の各種工事への発注および建設機械などの調達を行う。主として、品質、原価、〔⑲　　　　　〕、安全、環境の大きくは5つの施工管理を行う。現在、〔⑳　　　　　〕は最も大きな課題となっている。

サブコンの各職種の技能労働者は、工事現場での適切な作業ができることはもちろんのこと、〔㉑　　　　　〕ばかりではなく高度な技術や施工管理能力も併せもつ〔㉒　　　　　〕が活躍している。

設計施工（デザイン＆ビルド）とその流れ（企画→設計→施工→引渡し）

一般には設計業務は設計事務所に、施工は施工会社に発注される。しかし、建設プロジェクトの内容によってはひとつの企業が企画から始まり、設計、〔㉓　　　　　〕まで一括して請け負うことで〔㉔　　　　　〕が生じる場合がある。このような発注方式を〔㉕　　　　　〕という。

施工者が作成する図面とは（施工図）

ゼネコンは工事を完成させるために、〔㉖　　　　　〕に基づき、施工図という〔㉗　　　　　〕・躯体図（コンクリート寸法図）・製作図などを工事事務所で作成する。

施工図は工事現場でサブコンがものづくりを行うための図面であり、できるだけ〔㉘　　　　　〕としなければならない。

トピック 生産性向上の必要性

建設就労者は高齢化や〔㉙　　　　　〕の低下が進行し、次世代への技術伝承が大きな課題となっている。中でも建設就労者人口は1997年をピークに〔㉚　　　　　〕万人が2014年には26％減の343万人となり、さらに10年後には37％減の〔㉛　　　　　〕万人になると予測されている。建設投資額は約51兆円と横ばいの見通しがある中で、2025年までに入職者90万人の確保と〔㉜　　　　　〕万人の省人化により生産性向上〔㉝　　　　　〕％を図らなければならない。

語群

10　総合図　調達　特記仕様書　施主　入職率　作図　是正指導　指導　維持管理　技能面
施工管理能力　設計図　不具合　中立　20　構造図　646　指示書　設計施工一括発注方式
分かりやすい表現　35　現場監督　承認　メリット　施工　53　技術規準　464　登録基幹技能者
工程　設計業務委託契約　想い　整合性　事業主　デメリット　215　生産性向上　公共施設
施工管理　地方自治体　保全　技術面　役所

Part 1　建築生産のしくみ

建築生産の流れ

演習問題　建築生産の流れに関する次の図中と文章の〔　　　〕部分に、次頁の語群の中から最も適当なものを選んで、記述しなさい。

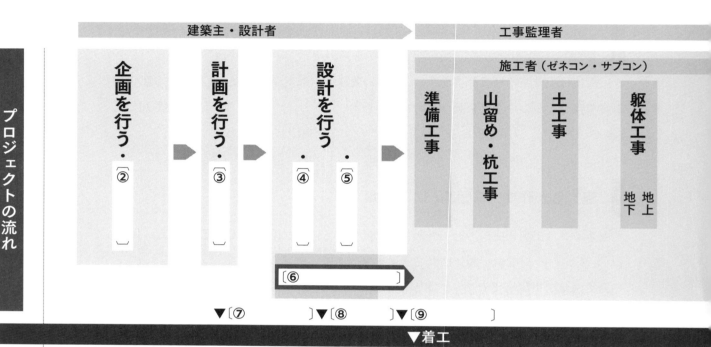

設計段階でのフロントローディング

〔⑲　　　　〕で施工者が決定しているプロジェクトや設計施工を一体で請け負うプロジェクトでは、設計へ施工者の〔⑳　　　　〕（品質確保・工期・コスト面でメリットのある〔㉑　　　　〕など）を取り込むことができる。

ビルディングであれ、戸建て住宅であれ、ひとつの建築物をつくるのに、多くの技術者や技能労働者が工事現場に集合し、建築物をつくり込む。この行為を「〔①　　　　　　　　〕（PJ）を実施する」といい、それは建設業に特有のものである。

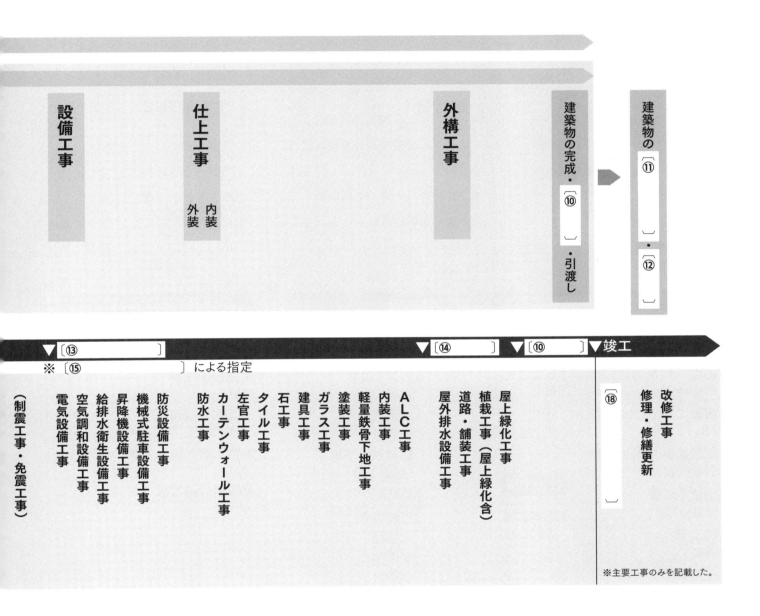

語群

生産情報　山留め工事　基本設計　点検・保守　維持保全　技術提案　実施計画　総合プロジェクト
設計段階　設計業務委託　下請負契約　確認申請　基本計画　実施設計　杭工事　検査　工事請負契約
技術力　中間検査　ノウハウ　実施段階　事業計画　特定行政庁　受電　フロントローディング　改修
建築プロジェクト

Part 1 建築生産のしくみ

工事に携わる人々と組織体制

演習問題 工事に携わる人々と組織体制に関する次の図中の〔　〕部分に、次頁の語群の中から最も適当なものを選んで、記述しなさい。

建築主

自社の会社事業を発展させるために、創立50周年の記念事業として新たな建物をつくってほしいと依頼した〔①　　　〕。

設計・監理

設計者

建築主の要望・想いを汲み取り、建築物の〔②　　　〕をする。設計者は大きく意匠設計・構造設計・設備設計に分けられる。

工事監理者

工事中において、ゼネコンが図面どおりの施工をしているかどうかの〔③　　　〕を行う。

建築系職種のサブコン［主任技術者の配置］

躯体工事

- **地盤・敷地調査工事**
  ボーリング工（測量技師）
- **仮設工事（仮設足場など）**
  〔㉑　　　〕
- **仮設工事（基準墨の測量）**
  測量技師
- **山留め工事**
  山留め工
- **杭工事**
  基礎工
- **土工事**
  掘削工
- **型枠工事**
  型枠大工・型枠解体工
- **鉄筋工事**
  鉄筋工
- 〔㉒　　　〕
  土工・コンクリート圧送工
  左官工（土間専門）
- **鉄骨工事**
  鳶工
  溶接工・本締工
  鉄骨検査工
  〔㉓　　　〕

仕上工事

- **防水工事**
  防水工
  〔㉔　　　〕
- **カーテンウォール工事**
  カーテンウォール工
- **石工事**
  石工
- **左官工事**
  左官工
- **タイル工事**
  タイル工
- **建具工事**
  サッシ工
- **ガラス工事**
  ガラス工
- **塗装工事**
  塗装工
- **軽量鉄骨下地（金属）工事**
  軽量鉄骨工
- **内装工事**
  ボード工
  造作大工
  床シート工
- **ALC工事**
  ALC工
- 〔㉕　　　〕
  造園工・植栽工・舗装工

解体工事

- **解体工事**
  解体工

設備系職種のサブコン

設備工事

- **電気設備工事**
  電気工
- **空気調和設備工事**
  空調ダクト工
- **給排水衛生設備工事**
  〔㉖　　　〕
- **昇降機設備工事**
  〔㉗　　　〕

ゼネコン

作業所長（工事事務所長）
〔④　　　　　〕

工事現場で施工する上での〔⑤　　　　　〕。施工方法や専門工事業者の選定など、工事を進めるための総合的な〔⑥　　　　　〕と最終判断を行う。

作業所長方針
- S 公衆災害・重篤災害の絶無による〔⑮　　　　　〕の達成
- Q 鉄骨建方精度の確保と漏水撲滅による品質確保
- C 〔⑯　　　　　〕の徹底による目標利益の達成
- D 生産性向上によるマイルストーン管理と〔⑰　　　　　〕
- E 〔⑱　　　　　〕推進による〔⑲　　　　　〕の最少化
- M ワークライフバランスとダイバーシティ推進による〔⑳　　　　　〕

作業所長

事務課長

主に工事現場において専門工事業者との〔⑦　　　　　〕、支払処理などの事務業務を行う者の責任者。また、施工管理技術者の〔⑧　　　　　〕を整備する業務も行う。

工事課長
〔⑨　　　　　〕

建築工事をまとめる責任者。主に作業所長と専門工事業者の選定や支払いなどの予算管理を行うと共に、作業所長の〔⑩　　　　　〕に基づき各建築担当者へ〔⑪　　　　　〕の指示を行う。

設備課長

設備工事をまとめる責任者。主に〔⑫　　　　　〕を管理し、仕様に基づいた設備機器の選定や、建築工事と設備工事との〔⑬　　　　　〕を行う。

事務担当者2名

建築担当者6名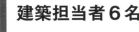
担当工事の職種：
山留め・杭・外装仕上・内装仕上・外構工事・施工図

設備担当者2名
担当工事の職種：
電気・空気調和・給排水衛生・昇降機設備工事

建築担当者

工事現場における工事担当者。〔⑭　　　　　〕の立案や建築の技能労働者へ作業指示・施工管理を行う。

担当工事の職種：
仮設・鉄骨・外装仕上工事

建築担当者

工事現場における工事担当者。工事現場の最前線に立って〔⑪　　　　　〕を行う。

担当工事の職種：
土・鉄筋・型枠・コンクリート工事・内装仕上工事

語群

統括者　全工期無災害　契約内容確認　業務環境　鳶工　外構工事　発注者　予実管理　工事計画
働き方改革の実践　CSR活動　監理技術者　3R運動　施工管理　コンクリート工事　耐火被覆工　管理
監理　吹付工　契約工期厳守　調整　マネジメント　配管工　エレベーター工　シーリング工　デザイン
産業廃棄物　足場工　方針　現場代理人　方策　総括責任者　設備サブコン

Part 1 建築生産のしくみ

工事に携わるサブコンの技能労働者とその役割

演習問題 サブコンの技能労働者とその役割に関する次の文章の〔　〕部分に、次頁の語群の中から最も適当なものを選んで、記述しなさい。

地盤・敷地調査工事　ボーリング工
ボーリング（〔①　　　〕）作業を行う。

仮設工事（仮設足場）　鳶工
仮囲いや各職種の技能労働者が作業をするための仮設足場の組立て、解体を行う。

仮設工事（基準墨の測量）　測量技師
建築物の基準となる位置の〔②　　　〕を行う。

山留め工事　山留め工
山留め杭の設置や切梁の架設・解体作業などを行う。

杭工事　基礎工
建築物の荷重を〔③　　　〕に伝えるための杭を築造する作業を行う。

土工事　掘削工
掘削機械を用いて、土を掘り、場外へ運搬する作業を行う。

型枠工事　型枠大工・型枠解体工
型枠を加工し組み立てると共に、コンクリート打設後の〔④　　　〕作業を行う。

鉄筋工事　鉄筋工
鉄筋を加工し、配筋する作業を行う。

コンクリート工事　土工
生コンクリート打設の際、高周波バイブレーターによる〔⑤　　　〕やタタキ作業を行う。

コンクリート工事　コンクリート圧送工
生コンクリートの圧送を行うために圧送用ホースやポンプ車の操作を行う。

コンクリート工事　左官工（〔⑥　　　〕）
打ち込まれた生コンクリートを均し、コンクリート表面を平らに仕上げる作業を行う。

鉄骨工事　鳶工
柱や梁など鉄骨の部材をクレーンで吊り上げ、組み立てる作業を行う。

鉄骨工事　本締工
鉄骨の柱・梁の接合部を〔⑦　　　〕で締め付ける作業を行う。

鉄骨工事　溶接工（鍛冶工）
柱、梁の鉄骨の継目を溶接で〔⑧　　　〕する作業を行う。

鉄骨工事　鉄骨検査工
鉄骨の現場溶接部の欠陥の有無を調べるために〔⑨　　　〕を用いた検査を行う。

鉄骨工事　耐火被覆工
火災時における鉄骨の温度上昇を防ぐための〔⑩　　　〕を鉄骨に吹き付ける作業を行う。

防水工事
防水工

〔⑪　　　　　　〕やシート防水など、屋上に防水層を形成するための作業を行う。

防水工事
シーリング工

金属製建具回りや躯体・外装間の隙間、目地からの〔⑫　　　　　〕を防ぐためにシーリングを施す作業を行う。

カーテンウォール工事
カーテンウォール工

プレキャストコンクリートや金属製の外壁を、クレーンを用いて躯体に取り付ける作業を行う。

石工事
石工

壁や床に、〔⑬　　　　〕や湿式工法で石を張り付ける作業を行う。

左官工事
左官工

壁に〔⑭　　　　　〕などを塗る作業を行う。

タイル工事
タイル工

壁や床に、タイルを張り付ける作業を行う。

建具工事
サッシ工

開口部にサッシやドアなどを取り付ける作業を行う。

ガラス工事
ガラス工

サッシにガラスを取り付ける作業を行う。

塗装工事
塗装工

外壁などの吹付け塗装や建具・壁への塗装を行う。

軽量鉄骨下地（金属）工事
軽量鉄骨工

軽量鉄骨（〔⑮　　　〕）と呼ばれる材料で間仕切り壁や天井の下地を組み立てる。

内装工事
ボード工

天井や壁の軽量鉄骨下地にせっこうボードなどを〔⑯　　　　〕で固定する。

内装工事
〔⑰　　　　　〕

造付けの家具や木製の下地・仕上げ材を取り付ける作業を行う。

内装工事
床シート工

壁接着剤を用いて床仕上げ材を貼り付ける作業を行う。

ALC工事
ALC工

ALCパネルを鉄骨などの下地に取り付けて間仕切り壁または外壁をつくる。

外構工事
造園工・植栽工・舗装工

外部の植栽やフェンスの取付け、舗装作業を行う。

解体工事
解体工

解体用の重機や手作業で、建築物を解体する作業を行う。

電気設備工事
電気工

電気の引込み・配線・器具の取付けなどの電気設備工事を行う。

空気調和設備工事
空調ダクト工

空調ダクト設置や機器の取付けを行う。

給排水衛生設備工事
配管工

給排水の配管作業や〔⑱　　　　　〕（トイレ・洗面台）の取付けを行う。

昇降機設備工事
エレベーター工

エレベーターを〔⑲　　　　〕の中で組み立てる。

語群

地盤調査　埋設物調査　型枠解体　衛生器具　支持地盤　シャフト　流し込み　超音波　高力ボルト　アスファルト防水　乾式　支保工点検　墨出し作業　ロックウール　仮ボルト　建具工　締固め作業　造作大工　ビス　セメントモルタル　LGS　土間専門　水の浸入　高周波　一体化　ダクト

Part 1　建築生産のしくみ

新しいサブコンの技能労働者「登録基幹技能者」

演習問題　登録基幹技能者に関する次の文章もしくは図の〔　　〕部分に、次頁の語群の中から最も適当なものを選んで、記述しなさい。

1 技能労働者の目標像

建設産業において、〔①　　　　　　〕を図ると共に、品質、コスト、安全面で質の高い施工を確保していくためには、直接生産活動に従事する技能労働者の〔②　　　　〕をなす職長などの果たす役割が重要になっている。このような認識に基づき、現在、各専門工事業団体において、適切な施工方法、作業手順についての〔③　　　　　〕、一般技能労働者に対する効率的な〔④　　　　〕を行うことのできる基幹技能者の〔⑤　　　　　　〕が進められている。〔⑥　　　　　　　〕とは、現場施工にあたっての優れた技能に加えて、段取り、〔⑦　　　　　　　　〕に優れており、〔⑧　　　　　〕が登録した専門工事業団体の資格認定を受けた者である。現場では、いわゆる上級職長などとして、元請の計画・管理業務に参画し、〔⑨　　　　〕することが期待されている。

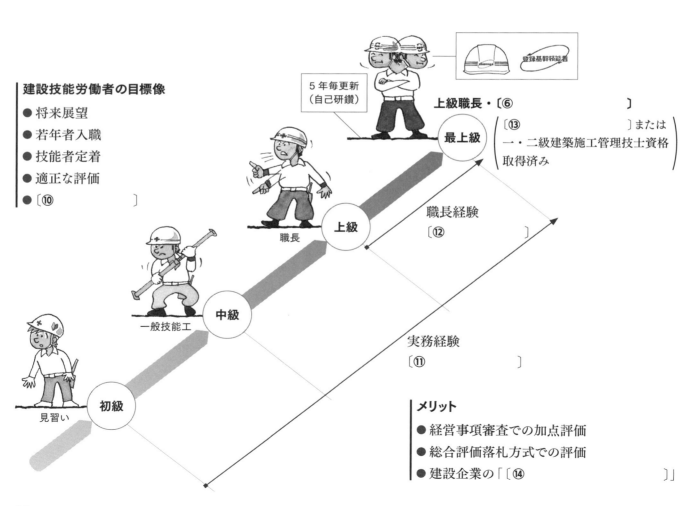

建設技能労働者の目標像
- 将来展望
- 若年者入職
- 技能者定着
- 適正な評価
- 〔⑩　　　　〕

5年毎更新（自己研鑽）

上級職長・〔⑥　　　　　　　〕
〔⑬　　　　　　　〕または
一・二級建築施工管理技士資格
取得済み

最上級

職長経験
〔⑫　　　　〕

上級

職長

中級

一般技能工

実務経験
〔⑪　　　　〕

初級

見習い

メリット
- 経営事項審査での加点評価
- 総合評価落札方式での評価
- 建設企業の「〔⑭　　　　　　〕」

2 登録基幹技能者の仕事の内容

登録基幹技能者は、現場の施工実績に精通し、現場における〔⑮　　　　　　　　〕を有することにより、工事現場の実態に応じた施工方法を元請の施工管理技術者などに〔③　　　　　〕し、工事現場における部下の技能労働者に対しては適切な〔⑯　　　　　　〕を行っていく役割を担っている者である。

登録基幹技能者は、工事現場において次のような役割が期待されている。

- 現場の状況に応じた〔⑰　　　　　　〕等の提案、調整
- 工事現場の作業を効率的に行うための技能者の〔⑱　　　　　　〕、作業方法、作業手順の構成
- 前工程、後工程に配慮した他の〔⑲　　　〕との連絡・調整
- 生産グループ内の〔⑳　　　〕に対する施工に係る指示、指導

3 登録基幹技能者の評価と活用

近年、国や道府県の総合評価落札方式の入札工事において、登録基幹技能者の配置を〔㉑　　　　　　〕とするなど、登録基幹技能者が着実に評価・活用されている。また、一般社団法人日本建設業連合会では、2009年に発表した「建設技能者の人材確保・育成に関する提言」の施策の1つとして、〔㉒　　　　　　　　〕を設け、登録基幹技能者（職長）の中から、会員企業が特に優秀と認めた者を優良技能労働者と認定し、その職長の標準目標年収が〔㉓　　　〕万円以上となるよう努めることとしている。

語群

3年以上　一級技能士　600　マネジメント能力　優良技能者認定　施工方法　指揮指導　生産性の向上　加点の対象　優良職長手当制度　提案・調整　450　技能者　登録基幹技能者　800　指揮・統率　安全性の確保　作業管理・調整能力　適切な配置　10年以上　確保・育成・活用　中核　5年以上　補佐　職長　国土交通大臣　処遇改善　指導

Part 1 建築生産のしくみ

工事管理（建築施工）

演習問題 工事管理に関する次の文章の〔　　〕部分に、次頁の語群の中から最も適当なものを選んで、記述しなさい。

1 建築施工とは

施工者の仕事の内容

建築施工における施工者は、ゼネコンの施工管理技術者とサブコンの技能労働者のことを指す。

元請のゼネコンは、〔①　　　　　　〕を一式で建築主から直接請け負い、工事全体のとりまとめを行う。また、〔②　　　　〕から工事の一部を請け負う専門工事業者を〔③　　　〕という。

〔④　　　　　　〕の進め方は、企画・提案→設計→施工→竣工→維持・保全　という流れである。

ゼネコンは、技術開発や研究開発といった建設にかかわる〔⑤　　　　　　〕ももっている。近年は、ストックマネジメントの分野として〔⑥　　　　　　〕の占める割合も大きい。

建築施工の仕事

建築施工における施工管理の目的は、「品質の良いものを、〔⑦　　　　　　〕で、契約工期内に、〔⑧　　　〕かつ環境に配慮しながらつくりあげること」である。日常の現場運営においてPDCA（Plan：計画、Do：実施、Check：確認、Action：改善）の4つの管理サイクルを維持して実施し、〔⑨　　　　　　〕することが重要であり、建築施工の仕事の具体的な内容は、次のとおりである。

①工事計画の立案（施工計画・工程計画）

②資材発注、専門工事業者（〔⑩　　　　　　　〕）の手配

③工事現場での工事全体の管理（〔⑪　　　　　〕）

　　5つの施工管理要素：QCDSE

　　　Quality＝品質　　Cost＝原価　　〔⑫　　　　〕＝工程

　　　Safety＝安全　　〔⑬　　　　　〕＝環境

④設計図を具現化するため建設現場で〔⑭　　　〕を作成

⑤VE（Value Engineering）活動や改善・技術開発の推進

2 工程管理

工程管理は、工事が計画どおりに進捗しているか確認し、遅れなどがあるときはその〔⑮　　　〕を調べて必要な〔⑯　　〕を立て、工期内に完了させるために重要であり、そのためのツールとしての工程表には、ネットワーク工程表や〔⑰　　　　　　〕工程表などがある。ネットワーク工程表は、

作業手順が明確で、作業前後の関連性も分かりやすい。必要日数の算出にあたっても〔⑱　　　　　　　〕が明確で、作業手順や作業の余裕日数の把握が容易であるため、工事総合工程表などに使用されている。

また、工事現場では〔⑲　　　　　　　〕以外に3カ月工程表、月間工程表、週間工程表も作成される。

3 工事現場における組織・環境

工事現場の組織

工事現場ごとに施工管理技術者の〔⑳　　　　　　　〕が計画され、作業所組織が構成される。工事の規模や契約条件に基づき、請負者の代理人としての〔㉑　　　　　　　〕や施工の技術上の管理をつかさどる〔㉒　　　　　　　〕・主任技術者が配置される。

工事事務所・作業員休憩所の環境

工事事務所や作業員休憩所は工事規模や工事場所によって大きさが異なる。

現場の敷地に余裕がある場合は、敷地内に仮設の〔㉓　　　　　　　〕を設置することが多い。敷地に余裕がない市街地での工事の場合などは、〔㉔　　　　　　　〕の一室を借りて事務所にする場合もある。

また、近年は女性の施工管理技術者や技能労働者も増えており、〔㉕　　　　　　　〕の更衣室やトイレなどを積極的に設け、働きやすい環境を整えている。

4 けんせつ小町

「けんせつ小町」は、建設業で働くすべての女性の愛称である。建設業には女性が力を発揮できる仕事が数多くあることや、〔㉖　　　　　　　〕において多くの女性たちが土木・建築・〔㉗　　　　〕・機械などの分野で活躍していることを業界内外の方たちへ知ってもらいたいという想いから誕生したものである。

ロゴマークは、ヘルメットをオレンジ系の花びらに見立て、建設業で〔㉘　　　　　　　〕と活躍する女性を表現している。5枚の花びらは、建設業の重要ファクターであるQ（〔㉙　　　　　　　〕）、C（〔㉚　　　　　　　〕）、D（〔㉛　　　　　　　〕）、S（〔㉜　　　　　〕）、E（〔㉝　　　　　〕））にちなんでいる。

語群

安全　建築プロジェクト　安全　日本建設業連合会　工程　マネジメント　監理技術者　プレハブ事務所
適正人員　Delivery　対策　リニューアル工事　幅広い技術力　テナントビル　明るく活き活き　女性専用
安価な費用　環境　ゼネコン　Environment　原価　バーチャート　建築・土木工事　サブコン　施工図
全体工程表　スパイラルアップ　サブコンの技能労働者　適正な費用　現場代理人　クリティカルパス
設備　日本建築士会連合会　原因　品質　工事総合工程表

Part 1　建築生産のしくみ

演習問題　施工管理技術者の仕事に関する次の文章と図の〔　　〕部分に、次頁の語群の中から最も適当なものを選んで、記述しなさい。

5　工事現場の一日

工事現場におけるゼネコンの施工管理技術者は、QCDSEの管理を行うために現場を巡回し、「〔①　　　〕上の問題はないか」「〔②　　　〕はないか」「事前計画や〔③　　　〕に遅れなどの問題がないか」「作業は〔④　　　〕に行えているか」「〔⑤　　　〕に配慮されているか」などの確認を行っている。施工管理技術者の一日の安全施工サイクルは、次のようになっている。

毎日の活動
- 朝礼
- 〔⑥　　　　　　〕（KYK）
- 工程・安全打合せ
- 巡回確認
- 事務所内作業

毎月の活動
- 災害防止協議会
- 定期点検・自主点検
- 安全衛生教育
- 職長会
- 〔⑧　　　　　〕

随時行う活動
- 入場予定業者との事前打合せ
- 持込機械の届出
- 〔⑦　　　　　　　〕

毎週の活動
- 週間安全工程打合せ
- 週間点検
- 週間一斉片付け

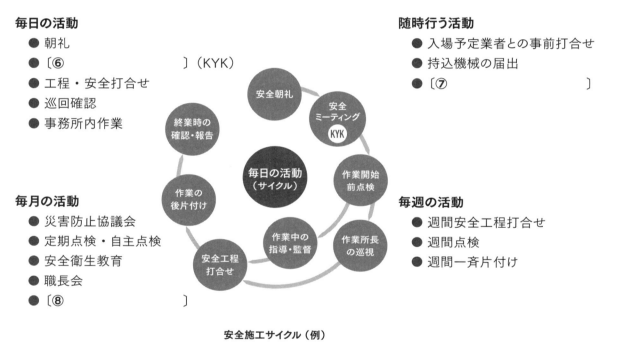

安全施工サイクル（例）

6　施工管理技術者の仕事（建築物ができるまで）

ゼネコンの施工管理技術者は、建築物をつくり上げていく（着工～竣工）中で、複数の〔⑨　　　　〕を行っている。

次のバーチャート工程表は、年月に対応した主要な工事を示したものであり、各工事の段階に応じて〔⑩　　　　〕の施工管理が確実に行われている。

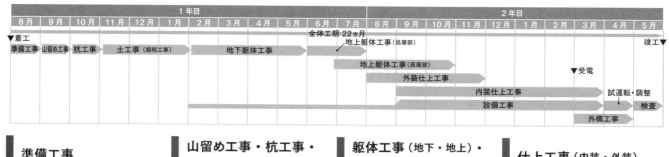

準備工事	山留め工事・杭工事・土工事	躯体工事（地下・地上）・設備工事	仕上工事（内装・外装）
Q 敷地境界・埋設物の確認、設計図の読取り・確認、〔⑪　　　〕・施工図の作成、施工計画書の作成	**Q** 杭心や杭天端レベル・〔⑫　　　〕の管理・確認 床付けレベルの確認	**Q** 躯体工事（鉄骨・鉄筋・型枠・コンクリートなど）各種品質管理と〔⑬　　　〕および〔⑭　　　〕による立会検査	**Q** 製作図・施工図の確認、仕上げ材料の〔⑮　　　〕、各種取付け後の検査
C 下請負契約の手続きや〔⑯　　　〕（請負契約手続きは着工前が原則）	**C** 工事出来高の確認とそれに対しての支払業務	**C** 無駄な手配（労務・材料など）を行っていないか確認〔⑰　　　〕	**C** 工事出来高の確認とそれに対応しての支払業務と〔⑱　　　〕
D 〔⑲　　　〕、各種工程表作成	**D** 工事総合工程表に基づき〔⑳　　　〕の作成（月間・週間工程表など）	**D** 各工種の工事担当者間での作業調整、〔㉑　　　〕の確認	**D** 担当工事の詳細工程表の作成および工程管理
S 諸官庁届出書類の手続き、〔㉒　　　〕、各種保険手続き、建設工事計画届の書類作成など	**S** 山留め壁の倒れなどの異常が発生しないように、その変位を〔㉓　　　〕。建築現場内外の〔㉔　　　〕（水量・被圧水など）の管理	**S** 工事現場を巡回し、施工手順どおりに〔㉕　　　〕が行われているかどうか、また足場などの安全設備に不具合がないかどうかの確認	**S** 作業の慣れによる近道行動などないか、〔㉖　　　〕による確認
E 環境に関する各種諸官庁届出、〔㉗　　　〕への説明会の実施	**E** 汲み上げた地下水の排水の管理、工事現場の隣地や周辺地盤や〔㉘　　　〕への影響の確認	**E** 騒音・振動の確認と工事現場から排出される〔㉙　　　〕の分別指導、書類管理	**E** 塗料や建設資材などの成分や安全性の確認および管理

語群

危険予知活動　地下水　環境　安全　施工管理技術者　近隣　安全状況　新規入場者教育　周辺道路　安全作業　安全衛生大会　工程　総合仮設計画図　毎日計測　入金管理　監理者　現場巡回　監理業務　産業廃棄物　部分工程表　予算の作成　山留め壁変形　QCDSE　労働基準監督署の届出　製品検査　施工管理業務　毎月計測　工事総合工程表作成　寸法検査　品質　無駄　自主検査　進捗状況　工事出来高の確認

Part 2
着工から竣工まで

Part 2 着工から竣工まで

01 準備工事

学習のポイント

準備工事の中で、調査にはどのようなものがあるのか、事前協議や届出に必要なものは何かを学んでください。各種準備工事は、着工以降の工事を大きく左右する要素です。必要な準備工事の内容を理解しましょう。

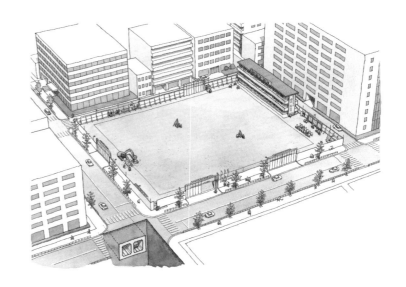

演習問題 準備工事に関する次の文章の〔　　　〕部分に、次頁の語群の中から最も適当なものを選んで、記述しなさい。

1-1 調査（準備工事中の届出・行政協議などを含む）

1 地盤調査

ボーリングは、主に、直接基礎や支持杭の〔①　　　〕となるべき地盤の調査と、〔②　　　〕を安全に進めるための土質や土の〔③　　　〕、地下水位（自由水、被圧水）などの調査を行うものである。

2 前面道路の埋設配管の調査

敷地の前面道路には上下水道管・〔④　　　〕・電話ケーブル、共同溝などが埋設されており、このことを知らないで〔⑤　　　〕を行うと大事故を引き起こす可能性がある。まず、前面道路にどのような〔⑥　　　〕がどのくらいの〔⑦　　　〕で埋設されているか、〔⑧　　　　　　〕の各担当窓口で図面の調査をする。掘削工事により影響が予想される場合は、〔⑨　　　〕と協議を行う。

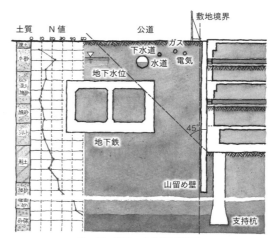

ボーリングデータと地下断面

3 敷地内の埋設物調査

埋設物として、既存建築物の杭や〔⑩　　　　〕の一部、コンクリートガラが、地中に残されていることがある。これらは〔⑪　　　　〕と呼ばれ、山留め工事や〔⑫　　　　〕に支障をきたす場合は事前に〔⑬　　　　〕が必要になる。この撤去に膨大な〔⑭　　　　〕を要することもあるので、事前調査には十分な注意が必要である。

4 近隣家屋調査

工事を開始すると、その影響（掘削による〔⑮　　　　〕、重機作業による〔⑯　　　〕など）により、近隣の家屋が〔⑰　　　〕したり壁に〔⑱　　　〕が発生したりする影響が懸念される。

工事終了時に、近隣の家屋に不具合が生じ、その所有者から〔⑲　　　　〕が入った場合、その〔⑳　　　　〕が工事によるものかどうか〔㉑　　　〕しやすいように、近隣家屋調査（外観・内観）の調査を実施し、〔㉒　　　　〕を残す。

家屋調査報告書の例

家屋調査状況

5 事前協議・届出

工事の開始前には「建築基準法」「〔㉓　　　　〕」「労働基準法」など、各関係法令に基づき〔㉔　　　〕への手続きが必要となる。

建築確認申請とは〔㉕　　　〕に建築主が設計した建築物が〔㉖　　　　〕に適合するものかどうかを市区町村の〔㉗　　　　〕または、指定された民間の建築確認検査機関に〔㉘　　　〕を受けなければならない。

一般には建築主の委任を受け、〔㉙　　　〕が代行する。

語群

判別　エビデンス　掘削工事　地下構造躯体　杭工事　建築主事　クラック　地盤沈下　強度（N値など）
沈下　各官公署　騒音　確認　時間や費用　労働安全衛生法　配管　地中障害物　建築基準法　各団体
解体作業　撤去作業　設計者　クレーム　施工管理技術者　地下工事　原因　深さ　国・地方公共団体
支持層　地下水位（自由水、被圧水など）　ガス管　着工前　振動　工事監理者

Part 2　着工から竣工まで

演習問題　準備工事に関する次の文章の〔　　〕部分に、次頁の語群の中から最も適当なものを選んで、記述しなさい。

1-2 仮設工事

1 仮設工事の計画

総合仮設計画図には、仮囲い・〔①　　　　〕、工事敷地内の車両通路、〔②　　　　〕、建物外周の足場、工事事務所、〔③　　　　〕、給排水の外部との接続位置などを記載する。

2 仮設工事の内容

仮設工事は共通仮設工事と直接仮設工事に分けられる。

共通仮設には、工事事務所・〔④　　　　〕、仮囲いなどの安全設備、仮設電気設備、〔⑤　　　　〕などがある。

直接仮設には、各工事で使用される足場、遣方、〔⑥　　　　〕、現寸型板、山留め、乗入れ構台、〔⑦　　　　〕などがある。

3 工事測量

建築主や設計者および〔⑧　　　　〕の立会いのもと、〔⑨　　　　〕を確認し、建築物の位置・〔⑩　　　　〕を確認する。

既存の工作物や道路など動かないものに高さ・位置の〔⑪　　　　〕を設ける。これをベンチマークという。ベンチマークは通常〔⑫　　　　〕設け、相互にチェックできるようにする。

4 仮設工事事務所・技能労働者休憩所

ゼネコンの施工管理技術者や事務員たちが日常のデスクワークや打合せを行うための〔⑬　　　　〕と、サブコンの技能労働者が昼食や休憩をとるためのスペースやトイレを設置し、工事現場で働く人々の〔⑭　　　　〕を整える。工事監理者のスペースとしての〔⑮　　　　〕、電気・給排水衛生・空調の各サブコンの設備工事事務所も設ける。

5 仮囲い・安全設備

工事敷地と道路・隣接敷地とを区画する仮設の囲いを〔⑯　　　　　〕という。
また、工事車両が出入りするための仮設の出入口を〔⑰　　　　　　　〕という。
工事現場の高所から〔⑱　　　　〕に対して、通行人に危害を及ぼさないように足場の外側面にはね出して設ける防護棚を〔⑲　　　　〕という。

6 産業廃棄物の分別

現代では社会全体の取組みとして、〔⑳　　　　　　　〕を効率良く活用するため〔㉑　　　　　　　〕への移行を目指している。建築工事においては〔㉒　　　　　　　　　〕（廃棄物をゼロにする）を目標としている。工事現場内では〔㉓　　　　　　　〕を設け、発生した産業廃棄物を可能な範囲で分別収集し処理業者に委託する。

7 工事用電気・給排水設備

工事が始まる前の敷地には〔㉔　　　〕や給排水設備がないため、工事に必要な〔㉕　　　〕や工事用水、工事関係者が飲用・水洗に使用する〔㉖　　　　〕を確保するために敷地の外部より引き込む必要がある。

豆知識　工事歩掛（こうじぶがかり）

歩掛とは、ある作業を行う場合の単位数量、または、ある一定の工事に要する〔㉗　　　　〕ならびに〔㉘　　　　〕を数値化したもののことをいう。歩掛は〔㉙　　　　　　〕が異なることで数値が大きく変化することがある。

トピック　街並み景観への配慮

仮囲いには、街並みやその地域の雰囲気と〔㉚　　　　〕するようなイラストデザインを施したり、近隣の小学校の児童の絵画を展示したり、〔㉛　　　　　　〕を設置して緑化するなどの工夫で、周囲の人々との〔㉜　　　　　　　　　〕を図っている。

語群

ゼロ・エミッション　電力　工事用ゲート　分別ヤード　各作業条件　電気　生活用水　工事用ゲート
工事日数　移動式クレーン　トラック　工事監理者　技能労働者の休憩所　監理事務所　施工管理技術者
プランター　仕事がしやすい環境　コミュニケーション　基準地盤高さ　仮設工事事務所　敷地境界　朝顔
工事用水　仮設電気　墨出し　限りある資源　資源循環型社会　落下物　作業日数　調和　作業手間
仮設給排水衛生設備　基準点　仮囲い　2カ所以上　揚重機械の配置　産廃ヤード

Part 2　着工から竣工まで

02　山留め工事

学習のポイント
山留め工事は、周辺地盤や近接する既存構造物に影響を与えないように計画し施工する重要な工事です。安易な計画、施工を行うと大きなトラブルにつながる重要な工事のため、その内容をよく理解しましょう。

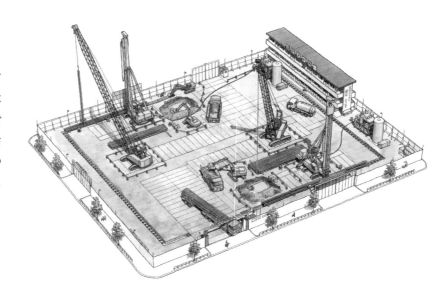

演習問題　山留め工事に関する次の文章の〔　　　〕部分に、次頁の語群の中から最も適当なものを選んで、記述しなさい。

1　山留め壁の主な工法

山留め壁は、止水性のある止水（遮水）壁と、止水性のない透水壁に分類される。〔①　　　〕深さや、〔②　　　〕の有無・地下水位、〔③　　　〕、掘削周辺の建物や埋設物などにより、安全や経済的な観点から最適な山留め壁の種類を選定する必要がある。

山留め壁の主な工法には、親杭横矢板工法、シートパイル（鋼矢板）工法、〔④　　　　　　　〕、鉄筋コンクリート（RC）地中連続壁工法、既存躯体を利用する方法がある。

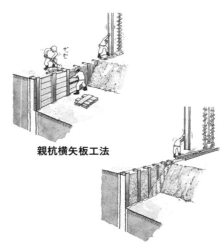

親杭横矢板工法

ソイルセメント柱列壁工法

2　山留め支保工の主な工法

山留め支保工は、掘削深さ、〔⑤　　　〕・形状、敷地の高低差、土質、地下工事の手順、〔⑥　　　〕などにより、最適なものを選定する。

山留め支保工の主な工法には、水平切梁工法、自立山留め工法、地盤アンカー工法、法切りオープンカット工法、アイランド工法、〔⑦　　　　　　〕がある。

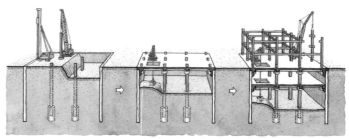

逆打ち工法の流れ

3 山留め壁の構築（ソイルセメント柱列壁）

　ソイルセメント柱列壁は、比較的〔⑧　　　　〕で地下水位の〔⑨　　　〕地盤に一般的に採用される。掘削オーガー（3軸が一般的）を取り付けたベースマシン（クローラークレーンタイプが一般的）を使って地中に〔⑩　　　　　〕の壁体を構築する。

　壁の施工は、別途設置したプラントから供給された〔⑪　　　　　　〕を掘削オーガーの〔⑫　　　　〕から吐出しながら削孔し、地中の土と攪拌する。削孔混練後オーガーを引き抜き、すみやかに〔⑬　　　　　　〕を挿入する。

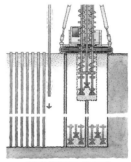

削孔状況図（断面）

オーガーを取り付けたベースマシン（クローラータイプ）

プラント

4 掘削工事中の施工・管理

　山留め壁構築後、掘削しながら矢板の施工や支保工の施工を行う。山留め壁の種類や支保工の種類によって施工方法は異なるが、掘削工事中の〔⑭　　　　　〕を回避するためには、山留め壁からの出水対策や山留め壁の〔⑮　　　〕、周辺地盤の〔⑯　　　〕などの計測管理が重要である。

山留め支保工（水平切梁）の施工

　切梁の段数に応じて段階的に〔①　　　〕を行い、各段階で切梁の架設をしていく。

　切梁の架設後、〔⑰　　　　〕の変形を小さく抑える必要がある場合は、〔⑱　　　　　〕によりあらかじめ切梁に軸力（プレロード）を導入しておく。

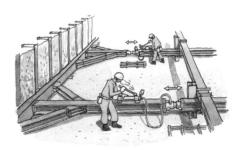

山留め支保工（水平切梁）の施工

計測・管理

　山留め壁の変位の計測は、〔⑲　　　　　〕、下げ振りなどを用いた計測方法や山留め打設時に設置した測定管に〔⑳　　　〕を挿入して測定する方法などがある。

山留め壁の倒れ（水平変位）計測

語群

深い掘削　ソイルセメント柱列壁工法　浅い掘削　変形　ソイルセメント　トラブル　ピアノ線　掘削面積
沈下　逆打ち工法　低い　中間　掘削　周辺地盤　油圧ジャッキ　傾斜計　高い　土質　ヘッド先端
セメント系懸濁液　山留め壁　芯材（H形鋼が一般的）　敷地面積　地下水

Part 2 着工から竣工まで

03 杭工事

学習のポイント
杭工事は、建築物をしっかりと支えるための重要な工事になり、杭を強固な支持地盤まで到達させることが重要になります。しっかり理解しましょう。

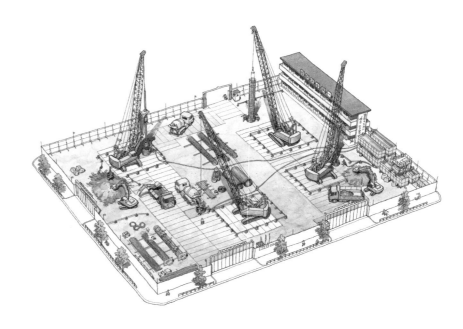

演習問題 杭工事に関する次の文章の〔　　　〕部分に、次頁の語群の中から最も適当なものを選んで、記述しなさい。

1 杭の種類

杭の種類には、場所打ちコンクリート杭と既製杭（既製コンクリート杭・鋼管杭）がある。また支持方式により下記に示す2種類に分類される。

支持杭：杭の先端を〔①　　　　　　〕に到達させ、主として〔②　　　　　　〕先端支持力によって荷重を支えるものである。

摩擦杭：先端を支持地盤まで到達させず、主として杭の側面と〔③　　　〕との間に働く〔④　　　　　　〕によって荷重を支えるものである。摩擦杭は、支持地盤がかなり〔⑤　　　〕場合に採用されることが多い。

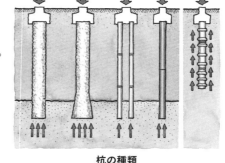

杭の種類

2 場所打ちコンクリート杭

場所打ちコンクリート杭とは、地盤を掘削し、その孔の中に円筒状の〔⑥　　　　　〕を挿入し、その後、生コンクリートを流し込み、杭を築造するものである。

主な工法としては、〔⑦　　　　　　　　　〕、オールケーシング工法、深礎工法などがある。

場所打ちコンクリート杭の場合は、比重の小さい泥など不純物の混じった上澄みコンクリートが発生するため、土工事の掘削後、この部分を斫り取る必要がある。この作業を〔⑧　　　　〕といい、斫り取る杭頭の部分を〔⑨　　　〕という。

3 既製杭（既製コンクリート杭、鋼管杭）

　工場製作した杭を、工事現場で打ち込む。

　工法と杭の種類（既製コンクリート杭・鋼管杭など）により、〔⑩　　　　　　〕が異なる。杭の施工法は、〔⑪　　　　　　〕と埋込み工法がある。近年、周辺への〔⑫　　　　　　〕に配慮した埋込み工法が使用されることが多くなっている。

　埋込み工法には、プレボーリング工法と〔⑬　　　　　　〕がある。

支持地盤の確認

　支持地盤の深さは、〔⑭　　　　　　〕や設計図書で事前に支持地盤となる〔⑮　　　〕やN値を確認するとともに、施工時には、アースオーガー駆動用電動機の〔⑯　　　　　　〕の変化と掘削深度などの情報に基づき確認する。積分電流値が大きい場合は、〔⑰　　　　　　〕に達したことを示す。

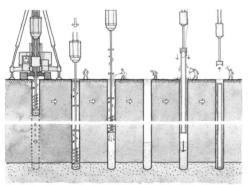
プレボーリングセメントミルク工法

アースオーガー杭打ち機

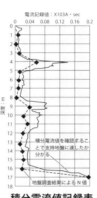
積分電流値記録表

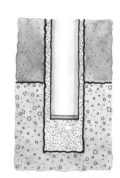
支持地盤根入れ深さ
（既製コンクリート杭の例）

豆知識　「打たなく」ても杭打ち?!

　以前、杭は杭打ち機と呼ばれる杭を打つ機械で「バシーン！バシーン！」と〔⑰　　　　　　〕で叩いて打ち込んでいた。しかし、今では騒音や振動のため市街地ではほとんど行われておらず、〔⑱　　〕の力で押し込んだり、〔⑲　　　　〕で穴をあけてから杭を入れるなど、新たな工法に変わっている。

語群

余盛り　中掘り工法　下向きに働く　上向きに働く　粘着力　敷地調査資料　地盤　打込み工法　鋼管
地盤調査資料　鉄筋かご　アースドリル工法　オーガー　地下水　浅い　杭頭処理　ディーゼルハンマー
騒音・振動　礫層　周辺摩擦力　油圧　施工可能長さ　支持地盤　深い　積分電流値

Part 2 着工から竣工まで

04 土工事（掘削工事）

学習のポイント
地下の躯体を構築するためには、まず土を掘削しなければなりません。掘削工事中は山留め壁の変形や周辺地盤の沈下などに注意し、安全に作業を進める必要があります。気の抜けない作業のため、しっかり重要ポイントを理解しましょう。

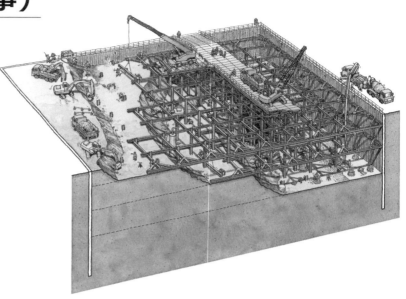

演習問題 土工事（掘削工事）に関する次の文章の〔　〕部分に、次頁の語群の中から最も適当なものを選んで、記述しなさい。

1 掘削機械の種類

掘削機械は、バックホウを使うのが一般的である。バックホウの〔①　　　　　〕は、約4～5mである。

積込み機械は、バックホウとクラムシェルを用いることが多い。ダンプトラックが掘削している〔②　　　〕まで近付けない場合、バックホウで直接〔③　　　〕ができないため、クラムシェルを用いる。

バックホウ

クラムシェル

2 床付け

床付けとは、設計された建築物の深さまで土を掘り、〔④　　　　　〕を平らに仕上げることをいう。床付け面を〔⑤　　　　　〕ように掘削するために、最後は〔⑥　　　　　〕を用いたバックホウですき取り（薄く土砂を削り取ること）することが望ましい。

トピック 建設機械のICT技術（3次元情報での重機コントロール）

土工事におけるICT技術とは、〔⑦　　　　　〕を用いてバックホウなどの〔⑧　　　　　〕の位置を把握することで、自動で〔⑨　　　　　〕に掘削が可能となる技術。

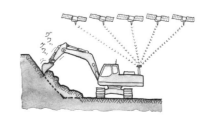

3 排水工法の選定

掘削深さが地中の水位（地下水位）より深くなると地下水が湧き出てきて、土が泥状になり〔⑩　　　　　〕に支障をきたしてしまうので、掘削開始前・掘削中に排水を行う。一般的な排水工法を以下に示す。

釜場排水工法

掘削底面に釜場という仮設の穴を築造し、〔⑪　　　　　〕で水を汲み出す工法。

ディープウェル（深井戸）工法

口径600mm程度の〔⑫　　　　　〕を地中深く設置し、井戸内に流入した地下水を水中ポンプで汲み上げ、〔⑬　　　　　〕の地下水を低下させる工法。

4 残土処理

掘削した際に発生する土を残土という。残土を決められた〔⑭　　　　　〕に、決められた〔⑮　　　　　〕で運搬しているかどうかを確認するため、ダンプトラックの運搬経路を〔⑯　　　　　〕し、処分地の受入れ現場の確認を行う。追跡確認の方法としてGPSを用いた方法も取り入れられている。

ダンプトラックで残土を場外に搬出する際、工事エリアから出る前にタイヤ洗浄を行い、〔⑰　　　　　〕を汚さないよう配慮する。

現場・処分地間ルート

タイヤ洗浄

豆知識 現場用語の語源

根切り

諸説あるが「穴を掘る際に邪魔となる〔⑱　　　　　〕を切りながら掘る」ことや「斜面の麓（斜面の根元）の土地を切り広げるために山裾を〔⑲　　　　　〕」ことなどが語源とされている。

山留め

掘削工事や豪雨による影響で〔⑳　　　　　〕が崩れることを昔は「ヤマがきた」といっており、土砂が崩壊しないように事前に留めて〔㉑　　　　　〕おくことから、山留めといわれている。

語群

経路　水中ポンプ　周辺近隣　掘削作業　乱さない　木の根　積込み　図面どおり　掘削底面　切る　掘削法面　手動ポンプ　固定して　バケット　場内道路　GPS機器　周辺の道路　追跡確認　土砂　削る　掘削可能深さ　処分地　井戸用鋼管　崩壊　平爪バケット　深さ　井戸周辺

Part 2　着工から竣工まで

05 地下躯体工事

学習のポイント
土工事が終わり、いよいよ地下躯体工事が始まります。型枠、鉄筋、コンクリート工事の流れと、それぞれの関係性と管理点を学びましょう。

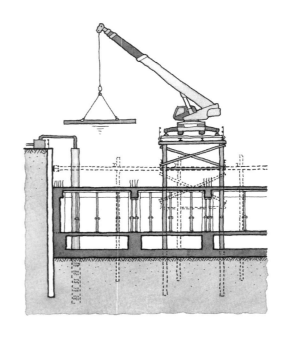

演習問題　地下躯体工事に関する次の文章の〔　　　〕部分に、次頁の語群の中から最も適当なものを選んで、記述しなさい。

5-1　躯体工事の流れ

墨出し作業

主に柱・壁の位置が分かるようにコンクリート床上に通り芯の〔①　　　　〕を打つ。その後、柱・壁の位置を墨出しする。

柱・壁の鉄筋組立て作業

柱・壁の鉄筋を組み立てる。柱に関しては、床から主筋が出てきているので、〔②　　　　〕を行い、柱の鉄筋を上階へ伸ばす。
型枠を組み立てる前に配筋の〔③　　　　〕後、工事監理者による検査を行う。

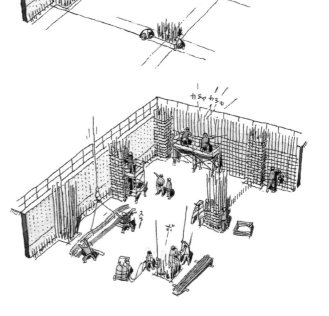

34

壁・梁の型枠組立て作業

柱・梁・壁の型枠を組み立てる。梁型枠に関しては、〔④　　　　　〕（パイプサポート）で下部から支持する。

床の型枠の組立て作業

床の型枠を組み立てる。広範囲に〔⑤　　　　　〕を支えるため、型枠支保工を〔⑥　　　〕に設置する。

梁・床の配筋・組立て作業

梁・床の鉄筋を組み立てる。梁配筋に関しては、一度〔⑦　　　　　〕を設置し、型枠上で組んで〔⑧　　　　〕工法が一般的である。

コンクリート打設前の設備配管および鉄筋・型枠の検査

コンクリート打設前の〔⑨　　　　〕および鉄筋・型枠の検査。

鉄筋・型枠の組立てと配筋および設備配管工事などが完了したら、〔③　　　　〕後、工事監理者による検査を行う。

生コンクリート打設

設備配管等を設置後、生コンクリート打設前の〔⑩　　　〕を行い合格した後に、生コンクリートを型枠内に流し込む。

養生・型枠解体

コンクリートの〔⑪　　　〕が出るのに必要な〔⑫　　〕の経過後、型枠を解体する。

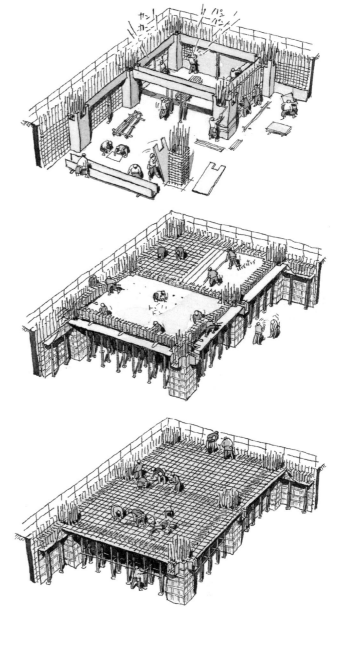

語群

コンクリート用合板　逃げ墨　ウマ（架台）　型枠支保工　ネコ　電気配線　規則的　重ね継手　自主検査　落とし込む　設備配管　第三者検査　施工中検査　ガス圧接　期間　強度　検査

Part 2　着工から竣工まで

演習問題　地下躯体工事に関する次の文章の〔　　〕部分に、次頁の語群の中から最も適当なものを選んで、記述しなさい。

5-2 型枠工事

1 型枠工事の機能と部材構成

通常型枠には、組み立てられた枠内に打ち込んだ生コンクリートが漏れ出ないように〔① 　　〕機能と、生コンクリートが硬化して十分な強度を発現するまで形状を〔② 　　〕する機能がある。

型枠はコンクリートに直に接し、生コンクリートの漏れを防ぎ成形するためのせき板と、せき板を支える支保工と、〔③ 　　〕と〔④ 　　〕を緊結して型枠の強度・剛性を保つ〔⑤ 　　〕から構成される。

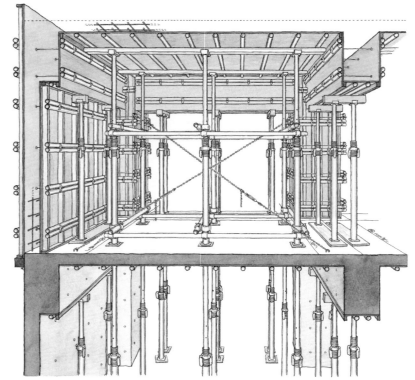

在来工法による型枠組立ての例

2 型枠の加工

〔⑥ 　　　　　　〕をもとに、〔⑦ 　　　　〕（型枠工事業者が作成する場合が多い）を作成し、これに基づき、型枠の加工を行う。通常、現場での組立てに間に合うように、計画的に型枠を事前に〔⑧ 　　　〕で加工する、もしくは敷地に余裕のある場合は工事現場敷地内で加工を行う。

3 型枠の現場施工

墨出し

上階への〔⑨　　　　　〕の移設は、柱の基準線を出し、その交点の上階床に直径15cm程度の孔をあけ、この孔を利用して〔⑩　　　　　〕を使って墨を上階の床上に移動する。このように移設したポイントを結んで各階の基準線を引いていく。また、高さ方向の基準線は、レベルを用いて〔⑪　　　　　　　〕＋1mの水平の墨を柱・壁に出しておく。

基準線の墨出し作業

地墨の上階への移設

型枠組立て

型枠は、組立てが完了するまで〔⑫　　　　　〕な構造になりやすく、さらにコンクリート打込み中はコンクリートの〔⑬　　　　〕や側圧、振動など大きな荷重が作用するので、これらの荷重に耐えられるように型枠を〔⑭　　　　〕に組み立てる必要がある。型枠の組立て作業を安全に進めるために、型枠組立ては型枠支保工の組立て等〔⑮　　　　　〕の有資格者が指揮にあたる。

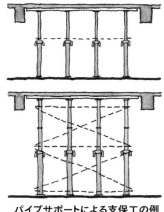

パイプサポートによる支保工の例

コンクリート打込み

コンクリート打込み作業中は、型枠の状態を点検し、側圧によって、型枠が〔⑯　　　　　〕したりふくらんだりしないように注意する必要がある。

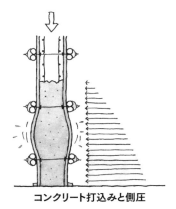

コンクリート打込みと側圧

語群

地墨　型枠加工図　GL（グランドライン）　作業責任者　作業主任者　締付け金物　下げ振り　支保工
締め付ける　セパレーター　FL（フロアライン）　維持・管理　堅固　パンク（崩壊）　保持・保護　留める
不安定　せき板　コンクリート寸法図（躯体図）　工場（加工場）　自重

Part 2　着工から竣工まで

5-2　型枠工事

型枠脱型（型枠解体）

　型枠は、打ち込んだ生コンクリートが〔①　　　　　　　〕を発現するまで解体してはならない。また、型枠支保工は、コンクリート部材に作用する荷重に対して、十分な安全性が得られる強度が発現するまで解体してはならない。型枠の取外しが早すぎると、コンクリート部材に〔②　　　　　　〕や、過大な〔③　　　　〕が生じることがある。床や梁では、コンクリートが設計基準強度の100％以上に達するまで、型枠支保工を存置する方法が一般的である。

型枠転用

　型枠工事に使用する資機材を〔④　　　　　　〕使用することを転用という。転用計画では、〔⑤　　　　　　〕や転用しやすい形状・寸法を計画することが重要である。

　せき板（コンクリート用合板）は複数回転用して使用すると表面が〔⑥　　　　〕して、脱型するとコンクリート仕上げ面が荒れてくる。〔⑦　　　　　　〕を使用する場合は〔⑧　　　　　　〕に比べて、転用できる回数が多く、鋼製型枠やアルミ製型枠などはさらに耐久性に優れている。このような材料の特性も認識して計画することで、品質の向上と工事の合理化が可能となる。

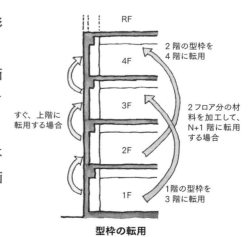

型枠の転用

4 各種型枠工法

型枠材は"〔⑨　　　〕の材料"であるため、コンクリートを打設し終わると不要なものとなってしまう。〔⑩　　　〕とならないように型枠材を躯体兼用とする工法やコンクリート部材を工場で事前に〔⑪　　　〕（PCa化：プレキャスト化）して現場へ持ち込む工法も多くなっている。

PC工法による施工の合理化の例

トピック　特定支柱を用いた型枠支保工の早期解体工法

本工法はコンクリートが〔⑫　　　　　　〕に満たない打設後4日目前後の段階（例えば、設計基準強度24N/mm²に対して12〜16N/mm²程度の強度発現）で、〔⑬　　　　〕を指定位置に設置し、増し締めを行った上で、一般型枠と支保工を〔⑭　　　　〕し、〔⑮　　　　〕に荷上げ転用することで、型枠資材を1層分で済ませ、〔⑯　　　　〕を高める工法である。また、この工法を用いる場合はFEM解析（有限要素法を用いた解析）により、有害なひび割れやたわみを防止する特定支柱の位置と本数を算出し、かつコンクリートの強度およびプロセス管理を行う。採用にあたり、設計者・工事監理者への確認が必要である。

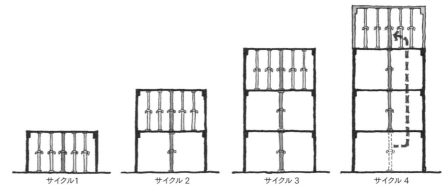

サイクル1　サイクル2　サイクル3　サイクル4

語群

成形　本設　仮設　無塗装合板　呼び強度　繰り返し　早期解体　特定支柱　所要の強度　硬化　収縮
直上階　塗装合板　転用効率　劣化　転用回数　不要材　設計基準強度　ひび割れ　変形　直下階

Part 2　着工から竣工まで

演習問題　地下躯体工事に関する次の文章の〔　　　〕部分に、次頁の語群の中から最も適当なものを選んで、記述しなさい。

5-3　鉄筋工事

1　鉄筋の各部材の構成と名称

鉄筋は、建築物の構造部分によって名称が異なる。下の図は、代表的な構造部分（柱・梁・床・壁・基礎）の鉄筋の名称である。

鉄筋コンクリートでは、コンクリートは〔①　　　　〕に耐えられるが〔②　　　　〕には弱いため、中の鉄筋が引張力を負担している。このことから構造部分に大きな引張力がかかる箇所には多くの鉄筋が配置される。また、コンクリートは乾燥して収縮を起こし、〔③　　　　〕が発生する弱点をもっているため、ひび割れを防ぐ効果もある。

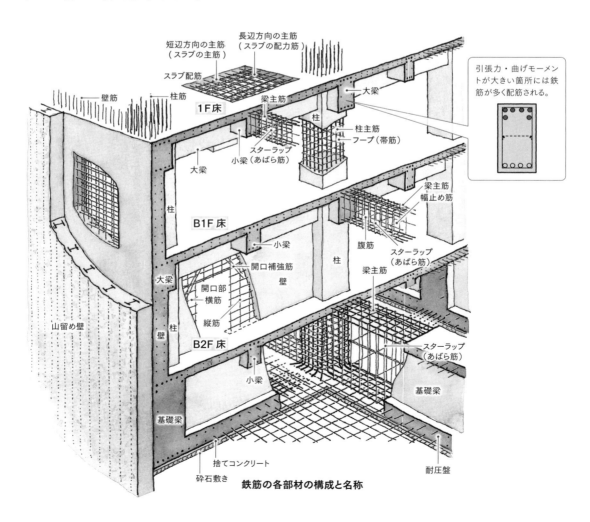

鉄筋の各部材の構成と名称

2 鉄筋材料（種類・径・鋼種）

鉄筋の種類は、丸鋼・〔④　　　　　〕・ねじ節鉄筋に分類される。昭和初期までは丸鋼の使用が多かったが、現在では異形棒鋼が一般的となっている。また近年、鉄筋同士をつなぐ際に〔⑤　　　　　〕も多くなっていることから、ねじ節鉄筋も多く使用されている。ねじ節鉄筋は、鉄筋表面の筋がねじ状に形成された異形鉄筋のことである。構造物の各部にかかる力の大きさによって、適切な〔⑥　　　　　〕・種類が選定され、設計されている。一般的に建築で使用される鉄筋の直径は、10〜51mm程度である。鉄自身の強さの違いを表す〔⑦　　〕も様々あり、一般的には4種類が使われている。また、各鉄筋メーカーではこれらの鉄筋の〔⑧　　〕や径などを判別しやすくするための目印をつけて、間違いを防いでいる。

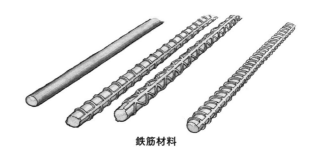

鉄筋材料

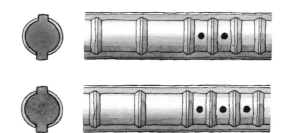

種類の違いを表す表示マーク

3 鉄筋の加工

鉄筋の加工は、設計図・特記仕様書・標準仕様書・コンクリート躯体図あるいは〔⑨　　　　　〕・加工図・加工帳に従い、通常、鉄筋工事業者の〔⑩　　　〕で必要な寸法に切断曲げ加工を行う。鉄筋を切断・加工するための、鉄筋切断機には〔⑪　　　　　〕と丸鋸切断機（高速カッター）があり、鉄筋折曲げ機には、帯筋、あばら筋、主筋の加工に用いる〔⑫　　　　　〕と鉄筋直材をR加工する鉄筋曲げ機に大きく分けられる。

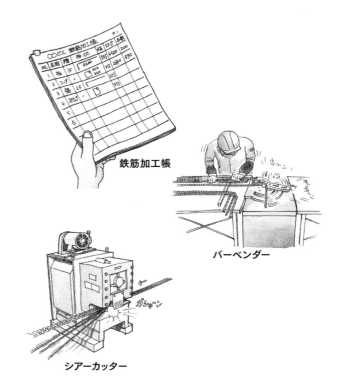

鉄筋加工帳

バーベンダー

シアーカッター

語群

配筋図　種類　加工場　引張力　破断　ひび割れ　圧接　鉄筋組立図　圧縮力　異形棒鋼　機械式継手　シアーカッター　重ね継手　剪断力　許容応力　鉄筋径（太さ）　鋼種　バーベンダー

Part 2 着工から竣工まで

5-3 鉄筋工事

4 鉄筋の組立て

材料受入検査・配筋および組立て

鉄筋の組立ての目的は、鉄筋を〔①　　　〕に正しく配筋し、コンクリートの打込み完了まで移動しないように堅固に結束し〔②　　〕することである。鉄筋同士の位置の固定には〔③　　〕と呼ばれる細いなまし鉄線を用いて、ハッカーで縛り付ける。

また、高さのある基礎の梁などを組み立てる際には、鉄筋架台などの一時的に仮受けする台を設置する。

ハッカー・結束線

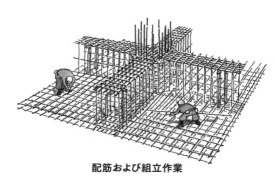
配筋および組立作業

鉄筋材料の継手・定着

工事現場での鉄筋の組立ては通常1フロアごとに行うため、上下階の柱の鉄筋同士を〔④　　　〕する必要がある。また、梁も構造上必要な鉄筋の長さが定尺より長い場合が多いので、鉄筋同士を接合する必要がある。この鉄筋同士の接合を〔⑤　　〕という。継手の種類は複数あり、鉄筋径や施工条件に応じて採用する継手を決める。

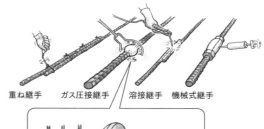
重ね継手　ガス圧接継手　溶接継手　機械式継手

ガス圧接作業の状況

かぶり厚さ

かぶり厚さとは、鉄筋からコンクリート表面（型枠の内側）までの〔⑥　　　　〕のことをいう。かぶり厚さは、耐火性・〔⑦　　　〕および構造耐力に大きく影響するため、設計におけるかぶり厚さの適切な設定と施工におけるかぶり厚さの〔⑧　　　　〕が、品質確保の上で極めて重要な事項となる。かぶり厚さを確保するため、鉛直部（柱・壁・梁側面など）にはプラスチック製の〔⑨　　　　〕、水平部（スラブ・梁底など）には〔⑩　　　　〕（鋼製またはコンクリート製）を設置し、所定の間隔を確保する。

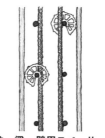
柱・梁・壁用スペーサー

床用鉄筋サポート

ポリスチレンフォームのような柔らかい素材の断熱材を打ち込む場合は鉄筋のサポートが沈まないようプレート付きのものを使用する。

配筋検査

配筋検査は、〔⑪　　　　　〕と工事現場の配筋状況が一致しているかどうかを確認・記録することが重要となる。

その際、配筋検査表と〔⑫　　　　　〕で記録を残す（黒板には検査場所・検査日・立会い者を記入する）。検査内容は主に以下の項目となる。

(1)〔⑬　　　　　〕・断面に関する検査（部材に用いられる鉄筋の種類、径、本数、ピッチ）
(2)部材位置・〔⑭　　　　　〕に関する検査
(3)配筋基準や詳細図で示されている鉄筋の〔⑮　　　　　〕、フックの〔⑯　　　　　〕および余長、継手の〔⑰　　　　　〕と長さ、打ち増し部の処置、開口補強、〔⑱　　　　　〕などの検査

豆知識　鉄筋先組工法

不安定な足場での鉄筋組立て作業を避け、〔⑲　　　　　〕で鉄筋を組み立て、ブロックで揚重することで、作業の〔⑳　　　　　〕・省人・効率などの合理化が可能となる工法。

トピック　タブレット端末による配筋検査

近年、タブレット端末を用いて配筋検査をすることで、記録を〔㉑　　　　　〕に残す負担を減らした技術が開発されている。検査項目をタッチしチェック、配筋写真を撮影すると、〔㉒　　　　　〕に整備された記録を残すことができる。

語群

仕口　部材詳細　ひび割れ防止　継手　固定治具　精度の確保　鉄筋のサポート　固定　角度　配置
耐久性　所定の位置　写真　安全　設計図　スペーサー　書類　図面　地上　位置　重ね継手　自動的
溶接　部材符号　かぶり厚さ　曲げ　接合　貫通孔補強　最短距離　結束線　定着長さ　保持

Part 2　着工から竣工まで

演習問題　地下躯体工事に関する次の文章と図の〔　　　〕部分に、次頁の語群の中から最も適当なものを選んで、記述しなさい。

5-4　コンクリート工事

1　材料

構成材料

コンクリートは、水・〔①　　　　〕・骨材（細骨材（砂）・粗骨材（砂利））・混和材料（〔②　　　　〕と混和材の両方）からつくられる。

セメント材料の構成

セメントは、〔③　　　　〕や石膏を焼いて粉末とした灰色の粉体である。砂や砂利などの骨材を結合させる〔④　　　　〕としての役割がある。セメントと水が化学反応して〔⑤　　　　〕を発生し、硬化する。

骨材

骨材は細骨材（砂）と粗骨材（砂利）との2つに分けられる。粗骨材とは粒径〔⑥　　　〕mm以上の砂利であり、細骨材は〔⑥　　　〕mm以下の砂のことである。コンクリート中の約7割を占め、コンクリートの骨格をつくることから骨材といわれる。

コンクリートの構成材料

混和剤

コンクリートの様々な性能を〔⑦　　　　〕し、〔⑧　　　〕を向上させるために入れる液体。混和剤を入れることで、鉄筋が複雑に組み立てられている型枠内でも隅々までコンクリートが流れ込む性能（流動性）などを高めることが可能となる。

性能

フレッシュコンクリート

型枠内および鉄筋周囲に密実にコンクリートを打ち込むために、フレッシュコンクリートの〔⑨　　　〕（コンシステンシー：Consistency）が重要である。流動性の程度を表す重要な指標に〔⑩　　　　〕がある。

スランプ試験

2 製造

試し練り

設計図書で指定された調合でコンクリートを試作し、スランプ、〔⑪　　　　　〕、圧縮強度、〔⑫　　　　　〕などの品質が管理値内に入っているかを確認する。

運搬計画

生コン工場で混練したレディーミクストコンクリートはトラックアジテーターで現場まで搬送する。コンクリートは〔⑬　　　　　〕後、時間が経過するにつれて〔⑭　　　　　　　　〕が低下する。型枠に流し込むまでに時間がかかってしまうと、きれいに型枠内に充填されずに〔⑮　　　　　　〕（コンクリートの表面に粗骨材が集まって固まり、多くの隙間ができて不均質な状態、豆板ともいう）が発生しやすくなる。また、連続したコンクリートの打込み時において先に打ち込まれたコンクリートが凝結し、後から打ち込んだコンクリートと一体化されずにできた継ぎ目（〔⑯　　　　　　　　　〕）ができてしまうことがある。このことから、〔⑰　　　　　〕終了までの時間制限を設け、また、〔⑬　　　　　〕開始から中断せず、連続的に打込みが終了するようにする。

外気温25℃未満：〔⑱　　　　〕分以内
外気温25℃以上：〔⑲　　　　〕分以内

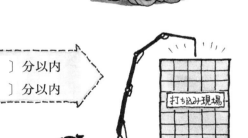

フレッシュコンクリートの練混ぜから打込み終了までの時間の限度の規定

語群

60　塩化物量　90　打込み　セメントモルタル　接着剤　練混ぜ　充填不足　120　フロー　セメント　強度　粘性　150　7　混和剤　荷卸し　5　改善　ジャンカ　ワーカビリティー　水セメント比　空気量　水和熱　流動性　コールドジョイント　スランプ　石灰石　品質

Part 2　着工から竣工まで

5-4　コンクリート工事

3　現場施工（コンクリート打設）

打設計画

コンクリートポンプ車配置・打設計画

コンクリートの打設に際し、あらかじめ適切な計画をすることが重要である。

また、コンクリート〔①　　　　　　〕も事前に計画し、〔②　　　　　　　〕の発生をなくすために、フレッシュコンクリートの打重ね時間間隔の限度は、外気温が25℃未満で〔③　　　　〕分、25℃以上で〔④　　　〕分とする。

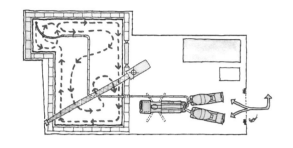

打設時間計画

1時間当たりの打設量を計画する。コンクリートポンプ車1台当たり〔⑤　　　　　〕㎥/h程度で計画し、コンクリート打設作業に無理が生じないようにする。

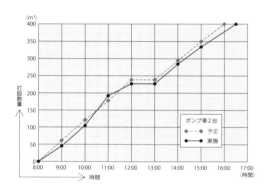

打設管理表

打設管理

受入れ検査

コンクリートを型枠内に打ち込む前に、コンクリートの性能が発注したとおりの性能かどうかを、トラックアジテーターから供試体（テストピース）に使用するフレッシュコンクリートを採取し、受入れ検査を行う。受入れ検査は〔③　　　　〕㎥ごとに1回行い、工事監理者、施工管理技術者が毎回立ち会い、確認しなければならない。

圧縮強度の試験

1回の試験は、〔⑥　　　　　　〕ごと、打込み日ごと、かつ150㎥以下にほぼ均等に分割した単位ごとに3個の〔⑦　　　　　〕を用いて行う。3回の試験で1検査ロットを構成し合否を判定する。

スランプ試験

凝固前のコンクリートの〔⑧　　　　　〕を確認する試験。

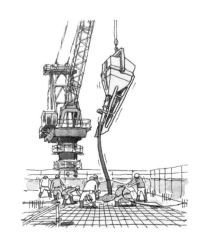

空気量試験

　フレッシュコンクリートに含まれる空気量を調べる試験。JIS規格では普通コンクリートでは〔⑨　　　〕％±1.5％が規定値である。

塩化物量試験

　フレッシュコンクリートに含まれる塩化物量を調べる試験。塩分濃度計や試験片への化学反応により塩化物〔⑩　　　　〕を調べる。〔⑪　　　〕規格では塩化物イオン量は〔⑫　　　〕kg/m³以下となるように定められている。

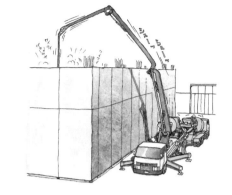

コンクリートの温度測定

　フレッシュコンクリートの温度を測定する。

打設立会い管理

　コンクリートの打設は、施工管理技術者の指揮のもと、複数職種の技能労働者たちが連携して行う。

　施工管理技術者は、複数の技能労働者に計画どおりに各作業を実施してもらうため、コンクリート打設前に、関係者を集めてミーティングを行い、〔⑬　　　　　〕を周知させる。

施工管理技術者：総指揮、コンクリートの〔⑭　　　　　〕の調整や施工の方法などの指示を行う。

コンクリート圧送工：〔⑮　　　　　〕を操作し、打設箇所にコンクリートを送る。

土工：型枠内にコンクリートを充填させる。〔⑯　　　　　〕（バイブレーター）や木槌を用いてコンクリートの充填性を高める。

左官工：コンクリートの表面を均し、平滑にする。

型枠大工：コンクリート打設中に型枠がずれたりしないよう、通りや〔⑰　　　　〕を調整する。

鉄筋工：コンクリート打設中に鉄筋の乱れや、〔⑱　　　〕を直す。

設備工：コンクリート打設中に配管用〔⑲　　　　〕の乱れを直す。

語群

スランプ　JAS　0.30　打継ぎ　コンクリートポンプ車　棒形振動機　0.50　はらみ　150　供試体
イオン量　施工性　スリーブ　100　発注数量　圧送方法　打込み工区　120　打設順序　かぶり
フロー　JIS　20〜30　コールドジョイント　強度発現　打設計画　50〜60　90　4.5　流動性

Part 2 着工から竣工まで

5-4 コンクリート工事

コンクリート表面仕上げ管理

打設終了後、凝結が終了する前に〔①　　　　　〕（コンクリート表面を叩いて締め固める作業）、床押え（表面を平滑にする作業）を行う。〔②　　　　〕は、コンクリート上部の水の引き具合を見てまず〔③　　　　〕で表面を押さえる。その後、さらに固まってきたら〔④　　　　〕やトロウェルという機械を用いて、平滑に仕上げる。床の仕上げ（コンクリート表面のまま、床シート張り、防水下地など）の違いによって、鏝押えを1回にするのか2回にするのかを決める。

タンピング

床押え

トロウェル

コンクリート打設後の管理（養生）

湿潤養生

コンクリートは打設後もセメントと水が化学反応をし続けている。打設後硬化し始めたコンクリートに〔⑤　　　　〕し、水分を供給することで反応が促進される。散水などによる湿潤養生を一定期間行うことは重要である。

温度養生

外気温が低い場合には、コンクリート表面が凍結することで〔⑥　　　　〕を生じることがあるため、シートや〔⑦　　　　〕で打設部位を包み、養生を施す必要がある。

散水養生による湿潤

ひび割れ対策

乾燥収縮によるひび割れ

コンクリートの硬化時に、コンクリート中の水分が失われ、〔⑧　　　　〕によるひび割れが発生する場合がある。

対策として、
- 乾燥収縮の小さい骨材〔⑨　　　　〕骨材などを使用する
- 打設後に十分な湿潤養生を行う
- 混和材として〔⑩　　　　〕を使用する

などがある。また、ひび割れが発生すると思われる場所にひび割れ〔⑪　　　　〕を設け、計画的にひび割れを発生させることがある。

CFT造充填コンクリートの打設方法

CFT（Concrete - Filled steel Tube：コンクリート充填鋼管）造とは、鋼管の内部に〔⑫　　　　〕を充填した構造形式で、鋼管と充填コンクリートとの相互拘束効果により、〔⑬　　　　〕が向上する。鋼管柱の内部にコンクリートを充填するための打設の管理にはCFT造〔⑭　　　　〕の資格が必要となる。コンクリートの打設方法には、コンクリートホッパーを用いた落とし込み工法とコンクリートポンプ車を用いた〔⑮　　　　〕がある。

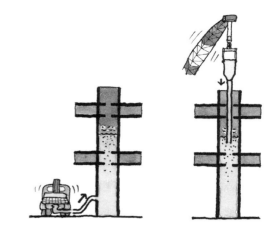

豆知識　コンクリート工事のノウハウ

清掃ノウハウ

柱中央部はコンクリートを〔⑯　　　　〕ておくと、型枠内を水洗いしたときに埃などが溜まらず、清掃が容易にできる。

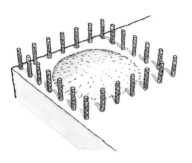

柱型枠下部に〔⑰　　　　〕を設けておくと、打設前清掃が容易にできる。

打設ノウハウ

SRC造梁のコンクリート打設は片側から流し込みを行い、反対側からの生コンクリート吹出しを確認することで、鉄骨下端の〔⑱　　　　〕を防止する。

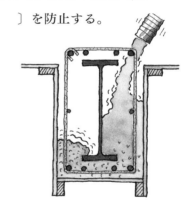

語群

圧入工法　タンピング　毛布　散水　充填不足　盛り上げ　硬化不良　木鏝　清掃口　施工管理技術者
目荒らし　石灰石　膨張材　床押え　強度発現　金鏝　構造耐力　誘発目地　空洞発生　ジャンカ
コンクリート　乾燥収縮　強度不足

Part 2　着工から竣工まで

06 地上躯体工事

学習のポイント
地下躯体工事が終わり、いよいよ地上躯体工事が始まります。ここでは、鉄骨工事を中心としたSRC造とS造の施工計画の基本と、安全・品質の管理点を学びましょう。

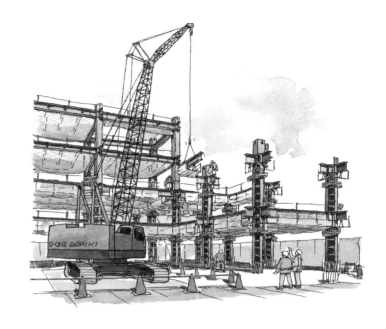

演習問題　地上躯体工事に関する次の文章の〔　　　〕部分に、次頁の語群の中から最も適当なものを選んで、記述しなさい。

6　鉄骨工事

豆知識　SRC造の鉄骨柱での鉄筋先組工法

SRC造では、鉄骨の柱や梁に鉄筋を地上で取り付けたものを組み立てていく方法がある。これによって、〔①　　　　　〕で行う作業を減らし、〔②　　　　　〕を向上させると共に工期を短縮させることができるため、この〔③　　　　　〕を採用することが多い。

鉄骨柱用建方治具

鉄骨柱を所定の位置にセットした後、安全に作業床から吊り治具のロックピンを引き抜くことができるタイプや、〔④　　　　　　〕で遠隔操作できるタイプの鉄骨柱用建方治具がある。〔①　　　　　〕での玉外し作業をなくすことができ、〔②　　　　　〕の向上に役立つ。

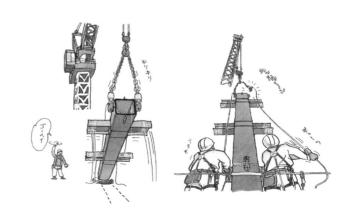

豆知識 ユニット工法

〔⑤　　　　〕で鉄骨小梁、デッキプレート、耐火被覆を取り付け、〔⑥　　　　　　　　〕・配線工事まで行い、揚重可能なユニットにしておき、鉄骨建方時に組み立てていく工法である。主に設備工の〔⑦　　　　　〕を削減し、仕上げ期間を短縮するなど、生産性を向上させる〔③　　　　　〕の1つである。

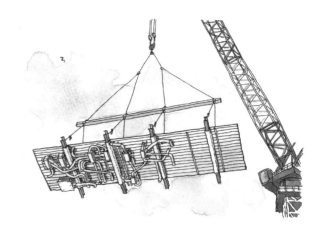

トピック タワークレーンの組立て

高層部への資機材の揚重を担う大型のタワークレーンは、地上で移動式クレーンによって組み立てられる。その後はマストを継ぎ足し、〔⑧　　　〕で上昇（クライミング）することができる。

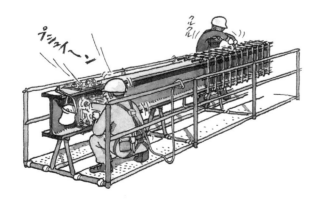

吊り足場

SRC造の場合、高力ボルトの締付けや〔⑨　　　〕の組立てを行うために〔⑩　　　〕から足場を吊り下げ、作業通路を確保する。

語群

自動　工場　安全性　無線　梁鉄筋　高所　地上　天井内設備配管　合理化工法　特殊作業　施工性　労務作業　鉄骨梁　鉄骨柱　自力

Part 2　着工から竣工まで

6　鉄骨工事

1　鉄骨製作工場での部材の製作

工作図から加工までの流れ

工作図作成

鉄骨製作業者が、設計図をもとにCADを用いて、〔①　　　　　〕・施工者と協議しながら作図する。

けがき（鋼材に線を描く作業）・切断・加工

CAD/CAM（コンピュータ支援製造）の普及により床書き現寸作業は省略され、鋼材自動加工装置を使用して作業が行われる。細かい納まりを確認したい場合、〔②　　　　　〕による確認を行う。

組立て

加工した部材を〔③　　　　　〕上で組み立てる。

本溶接

溶接接合は、主に〔④　　　　　〕が用いられる。溶接作業は溶接内容に応じた技能試験に合格した溶接技能者が行う。溶接後、部材に変形があった場合、〔⑤　　　　　〕の作業が必要となる。溶接部は外観と超音波探傷試験で自主検査を行う。

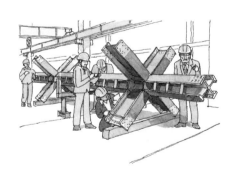

受入検査（製品検査）

ゼネコンの施工管理技術者は、工場製作が完了した鉄骨製品が品質や現場での施工に問題がないかを受入れ検査で確認する。溶接部はゼネコンが〔⑥　　　　　〕へ発注し、その会社の有資格者が外観検査や〔⑦　　　　　〕を行う。合格品に錆止め塗装を施したものを工事現場へ搬送する。

2 工事現場での施工

建方方法と建方重機

建方方法と建方重機は、作業が安全に効率よくできるように検討する。敷地、建築物の形状、鉄骨の架構形式から、建て逃げ方式と〔⑧　　　　〕方式の代表的な２つの工法のいずれかを選定する。建て逃げ方式で１階の床を移動式クレーンが走行する場合は、配筋量を増やすなどの構造補強を行う。

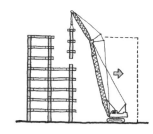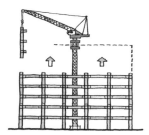

鉄骨建方の流れ

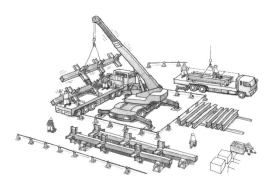

荷卸し・安全設備等取付け

鉄骨に高所で作業するのに必要な〔⑨　　　　〕を地上で取り付ける。

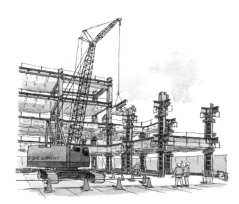

柱・梁鉄骨建方

建てた鉄骨を〔⑩　　　〕（建方時に一時的に固定するためのボルト）やワイヤーで安定させ、組立て作業を進めていく。

建入れ直し

建入れ直し用ワイヤーと〔⑪　　　　〕を用いて柱を垂直に調整固定する。

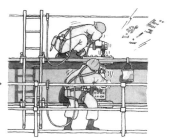

高力ボルトの本締め

仮ボルトから〔⑫　　　〕に交換して、専用の工具（シヤーレンチ）で継手の高力ボルトを締め付ける。

現場溶接

屋外でも〔⑬　　　〕の影響を受けないように養生をしながら溶接作業を行う。

語群

水平積上げ　抜取検査　風　入熱　建入れ精度　安全設備　超音波探傷検査　本ボルト　昇降タラップ
非破壊検査会社　アーク溶接　水平台　仮ボルト　フィルム　ひずみ取り　設計者　墨出し　レバーブロック

Part 2　着工から竣工まで

6　鉄骨工事

柱のジョイント

梁を接続するまでの間、柱は自立した状態であるため、〔①　　　　〕しないようワイヤーを張ったり、〔②　　　　　〕治具で固定し安定させる。梁をつないだ後に、この治具の調整用ボルトを専用レンチを用いて回すことで、上部に載せた柱を前後、左右、上下に動かし、さらに建入れ直しを行う。

軽量金属製吊り足場

高所で行う部材のジョイントの高力ボルト締付けには、アルミ合金などの軽量金属製で取扱いが容易な〔③　　　　　〕を使う。

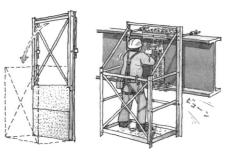

柱の建込み

柱脚のベースプレートの中央部に、正確な高さとなるよう高強度のセメントモルタルで「〔④　　　　　　〕」をつくって、その上に柱脚を載せる。ベースプレートの孔を基礎に埋め込まれたアンカーボルトに通し、ワッシャーとナットで締め付けた後、緩み止めとしてナットを二重に設ける。柱脚下の隙間には〔⑤　　　　〕セメントモルタルを充填する。

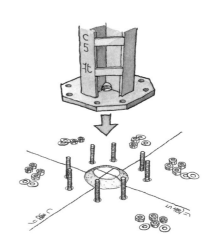

鉄骨工事の仮設備

鉄骨工事は、大きな揚重機を使用し、鳶工が高所で建方作業を行っている。高所でも〔⑥　　　　　〕作業ができるよう足場をあらかじめ地上で取り付けておく。また、万が一、技能労働者が落下した際、怪我を防ぐための〔⑦　　　　　　〕を張るなど、安全設備を整備しながら進められていく。

鉄骨の接合

工事現場で鉄骨を接合する方法は、〔⑧　　　　〕による接合と〔⑨　　　　〕による接合の2種類がある。

鉄骨建方中は、まず仮ボルトで接合し、建入れ直しを行った後、本締め用の〔⑩　　　　〕に交換して接合する。

〔⑩　　　　〕

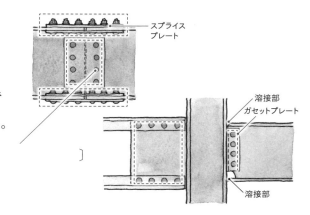

現場溶接による接合

鉄骨の溶接は主に〔⑪　　　　〕にて行われ、母材（被溶接部材）と電極との間に発生したアーク溶接熱により、母材と電極または溶加棒を溶融して母材と母材を接合する。溶接継手では、突合せ溶接（完全溶込み溶接、部分溶込み溶接）、隅肉溶接が多く使用される。溶接がしやすいように部材の溶接部分に設ける溝を、〔⑫　　　　〕と呼んでいる。溶接後は、〔⑬　　　　〕を用いて不良箇所がないかを検査する。

高力ボルト

引張強度が高いボルトを用いて、高い〔⑭　　　　〕が生じるまで締め付けることで、部材同士を〔⑮　　　　〕する接合方法を高力ボルト接合という。高力ボルトには高力六角ボルト、〔⑯　　　　〕、溶融亜鉛めっき高力ボルトがある。トルシア形高力ボルトの締め付けの品質管理は、〔⑰　　　　〕が破断していることと〔⑱　　　　〕にて確認する。また、ボルトはあらかじめ決められた順序で締め付ける。

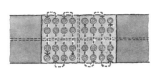

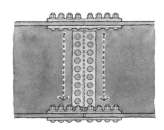

ボルトの締付け順序

語群

仮ボルト　倒壊　摩擦接合　マーキング　まんじゅう　安全な　トルシア形高力ボルト　無収縮　合理的な
建入れ直し　中ボルト　超音波探傷検査器　ピンテール　高力ボルト　アーク溶接　剪断力　水平ネット
現場溶接　ボルト　開先（グルーブ）　吊り足場　摩擦力

Part 2 着工から竣工まで

6 鉄骨工事

3 その他

構造の種類

SRC造

鉄骨構造と鉄筋コンクリート造を組み合わせたものがSRC造（鉄骨鉄筋コンクリート造）である。〔①　　　　〕に優れ、鉄骨がコンクリートで覆われているため〔②　　　　〕も優れている。躯体重量は大きくなるが強度が高いことから、鉄骨造の超高層建物の低層部や地下部に用いられることが多い。

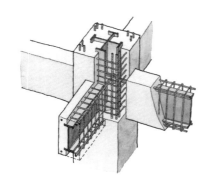

CFT造

CFT（Concrete-Filled steel Tube：コンクリート充填鋼管）造とは、柱鉄骨の鋼管内にコンクリートを密実に充填している構造形式で、鋼管とコンクリートの〔③　　　　　〕で優れた〔④　　　　〕を発揮し、柱を細くでき、鉄骨重量を低減できる。また、耐火被覆厚さを軽減、または、不要とすることができる場合がある。

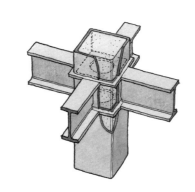

鉄骨造を形づくる様々な要素

デッキプレート

鋼板製のプレートを鉄骨梁に架け渡すように敷き込み、溶接で固定する。木製合板を使用した〔⑤　　　　〕の代わりとなり、〔⑥　　　〕の床としても役立ち、〔⑦　　　〕を確保できる。捨て型枠として用いるものと、鉄筋とコンクリートを一体化させて構造スラブとして用いるもの（デッキ合成スラブ）がある。

スタッド

鉄骨とコンクリートを〔⑧　　　　〕させるために、鉄骨梁の上部にアークスタッド溶接で、スタッドと呼ばれるシアコネクターを取り付ける。溶接完了後の〔⑨　　　　　〕は、スタッド100本または1つの主要部材に溶接した本数の少ない方を1ロットとし、1ロットにつき1本に対してハンマーによる打撃の結果、曲げ角度〔⑩　　　〕で溶接部に割れ、その他の欠陥が生じなければ合格とする。

耐火被覆

鉄骨造の場合、火災時の〔⑪　　　　〕による建築物倒壊を防ぐため、必要な部分の鉄骨に不燃性の耐火被覆を施工することが法律によって定められている。〔⑫　　　　〕の岩綿耐火被覆材料のほかに、〔⑬　　　　〕耐火被覆材料がある。

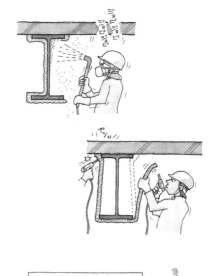

ICT（情報通信技術：Information and Communication Technology）の活用

BIM（Building Information Modeling）

近年は、コンピューター上に作成した三次元の鉄骨デジタルモデルを活用し、鉄骨の詳細な〔⑭　　　　〕の検討や、設備との〔⑮　　　　〕の有無の確認に用いたり、複雑な鉄骨の建方計画の理解を深めるのに活用したりしている。形状が複雑な建物であっても事前に問題を把握し、解決することができる。

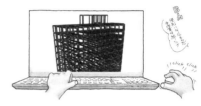

三次元計測システム

自動視準・追尾式トータルステーション（TS）とモバイルPCにより、鉄骨建方時の〔⑯　　　　〕を三次元計測するシステム。精度の向上と大幅な省力化が図られている。鉄骨の測点に設置した反射シートをTSが自動で旋回・追尾し計測結果を操作端末に無線で送ることができる。

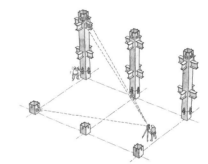

豆知識　上棟式の最終鉄骨梁

上棟式は〔⑰　　　　〕ともいわれ、鉄骨の骨組が完成した後、最上階の梁鉄骨を取り付ける際に関係者で建物の無事完成を願い執り行う。鉄骨梁の吊上げ前に建築主、設計者、〔⑱　　　　〕の三者が金と銀の鋲（ボルト）を使って、締込みと検証の儀式を行う。

語群

乾式巻付　納まり　一体化　鉄骨溶融　建入れ精度　構造性能　組合せ　床型枠　耐久性　30°　15°
ゼネコン　耐震性　建入れ直し　棟上げ式　耐火性　安全　干渉　高所作業　相乗効果　打撃曲げ試験
作業用　工程　半湿式

column

地震に対応する技術——耐震・制震(制振)・免震

演習問題 耐震・制震(制振)・免震に関する次の文章の〔　〕部分に、次頁の語群の中から最も適当なものを選んで、記述しなさい。

1 耐震構造

柱や梁を〔①　　　　　〕につくり、大きな地震にも耐えるようにした構造である。中小地震に対しては建築物が損傷せず、建築物の継続使用ができるようにする。〔②　　　　　〕に発生する大地震に対しては建築物の一部を〔③　　　　〕させてエネルギーを吸収し、人命にかかわる〔④　　　　　〕が起こらないようにする。

2 制震(制振)構造

建築物に組み込んだダンパーなどの〔⑤　　　　　　〕吸収機構により、地震による建築物の揺れを抑制する技術である。建築物の揺れを抑え、構造体の損傷が〔⑥　　　〕されるため繰り返しの地震に有効である。地震による揺れに対するものを制震、風の揺れに対するものを制振という。

3 免震構造

基礎部分などに〔⑦　　　　　〕やダンパーなどの免震装置を設置し、地震力を建築物に伝えにくくする構造である。あらゆる規模の建築物に有効であり、地震時の揺れの〔⑧　　　〕が最も高い。

建築物の固有周期と地震の関係

建築物はそれぞれその重さや固さ（＝剛性）に応じた揺れやすい周期があり、これを〔⑨　　　　〕という。重い建築物ほど、また、剛性の低い建築物ほど〔⑩　　　　　〕揺れる、つまり固有周期が長くなる。一般に鉄骨造（S造）は鉄筋コンクリート造（RC造）の建築物に比べて剛性が低く、固有周期は長く、また、高層建築物は中低層建築物に比べて固有周期が長くなる傾向がある。

地震時の地盤の揺れの周期と建築物の固有周期が一致すると〔⑪　　　　　〕が起こり、建築物の揺れが〔⑫　　〕される。

大規模な地震が発生すると、周期の長いゆっくりとした大きな揺れ（〔⑬　　　　　〕）が発生し、固有周期が比較的長い高層建築物や免震建築物は、この長周期地震動と共振しやすく、〔⑭　　　〕すると長時間にわたり大きく揺れる現象が生じる。また、高層階の方が大きく揺れる傾向があり、室内の家具や什器が転倒したり、エレベーターが故障したりすることがある。

2017年4月より、超高層建築物（高さ〔⑮　　　〕mを超える建築物）と免震建築物（地上〔⑯　〕階以上）は、この長周期地震動への対策が義務付けられた。

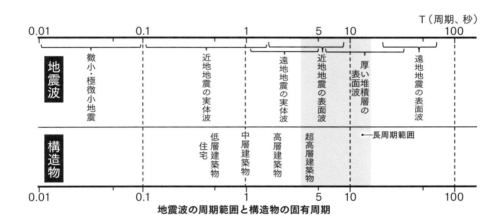

地震波の周期範囲と構造物の固有周期

語群

損傷　堅固　増幅　破壊　クリアランス　10　共振　軽減　100　60　エネルギー　頻繁　共鳴現象　軽減率　長周期地震動　拡大　共振現象　アイソレータ　ゆっくり　早く　ごくまれ　倒壊・崩壊　水平変位　4　柔軟　固有周期

Part 2　着工から竣工まで

07 外装仕上工事

学習のポイント
外装仕上工事には、どのような工事があるか、その性能は何かを学んでください。躯体工事が完了すると始まる外装仕上工事には、建物の美装性をはじめ、外部からの雨水・水の浸入や日射による熱影響、地震・風などの動きなどの性能が付加されます。外装仕上工事に必要な内容を理解しましょう。

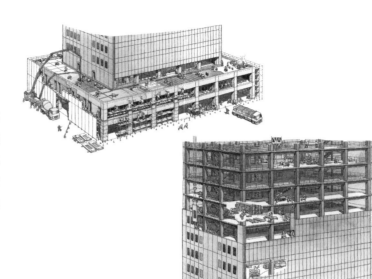

演習問題　外装仕上工事に関する次の文章と図の〔　　〕部分に、次頁の語群の中から最も適当なものを選んで、記述しなさい。

7-1　防水工事

防水工事とは、建築物の内部への〔①　　　〕、雪、水などの浸入を防ぐために施工する工事である。適切に施工を行わないと漏水が起きる可能性が高いため、〔②　　　〕が重要な工事である。

1　工法

防水工事には形状により、面状の〔③　　　〕防水と線状の〔④　　　〕防水に大きく分けられる。主な防水工法の種類を以下に示す。

2　施工

アスファルト防水工事・改質アスファルトシート防水工事

アスファルト防水とは、合成繊維の布に〔⑤　　　〕を含浸させたシートを張り合わせ、防水層を形成するものである。

アスファルト防水

材料

アスファルトプライマー：下地とアスファルト層の〔⑥　　　〕を向上させる役割をする。

アスファルト：石油の精製の際に残留物となる黒色の固体で水をよく〔⑦　　　〕性能がある。現場にて専用の窯で〔⑧　　　〕℃程度まで熱してから使用する。

アスファルトルーフィング類：古紙・木質パルプなどを原料としたフェルト状のシートにアスファルトを〔⑨　　　〕させたロール状の防水材料。

施工

下地処理

下地のコンクリートは水が溜まらないように適切な〔⑩　　　〕を確保すると共に、凹凸を〔⑪　　　〕にする必要がある。勾配は防水仕様によって異なるが、1/20〜〔⑫　　　〕程度必要である。施工後のふくれを防ぐため、十分に乾燥させることも重要である。乾燥度合の計測には〔⑬　　　〕を用いる方法がある。

防水層

一般的にアスファルトを流しながら〔⑭　　　〕を敷いていく作業を、各仕様で指定された回数繰り返し、防水層を形成する。

改質アスファルトシート防水には〔⑮　　　〕工法と呼ばれる、ロール状の改質アスファルトシートの裏面と下地面をトーチバーナーであぶって加熱溶融させ、ロールを広げながら下地に接着する工法が用いられる。

保護層

屋根面を歩行する仕様の場合、防水層が傷つかないように〔⑯　　　〕を防水層の上に打設する。防水層の上に直接打設すると、コンクリート層の熱膨張などの挙動に伴って防水層が損傷することがあるため、伸縮目地・〔⑰　　　〕を設置後に、保護コンクリートを打設する。

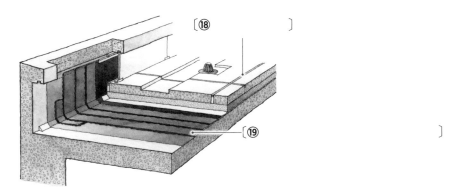

〔⑱　　　〕

〔⑲　　　〕

アスファルト防水層の納まり例（外断熱）

語群

270　接着性　接着シート　風　平滑　伸縮目地　はじく　保護コンクリート　絶縁シート　アスファルトトーチ　工程管理　アスファルトルーフィング　1/100　メンブレン　剥落　ルーフィング　雨　品質管理　1/200　漏水　水分計　含浸　シーリング　乾燥　勾配

Part 2　着工から竣工まで

7-1　防水工事

合成高分子シート防水工事

シート防水とは、〔①　　　　　〕系・合成樹脂系のシートを接着剤で貼り付け、防水層を形成するものである。

材料

プライマー：下地と〔②　　　　　〕の接着性を向上させる塗料。

加硫ゴム系シート：耐久性に優れ、下地の〔③　　　〕に対応しやすいシート材料。

塩化ビニル樹脂系シート：塩化ビニル樹脂等を用いたシートで、屋外での日光による〔④　　　〕や熱への耐久性をもつ材料。

施工

下地処理

アスファルト防水工事と同様である。ただし、水勾配は〔⑤　　　　〕以上が望ましい。

防水層

加硫ゴム系シート防水、〔⑥　　　　　　　〕シート防水とも、〔⑦　　　〕工法と機械式固定工法がある。接着工法は、接着剤を用いて下地に接着する工法で、〔⑧　　　　　〕工法は、固定金具を用いてシートを下地に固定する工法である。

塗膜防水工事

塗膜防水とは、〔⑨　　　　〕やアスファルト、FRP素材を原料とした防水材料を現場で塗布して防水層を形成するものである。

施工

下地処理

プライマーを塗布後、〔⑩　　　　　〕には補強布を張り、補強塗りを行っておく。

防水層

液体状の防水材料を〔⑪　　　〕やヘラ、ローラーで下地へ均一に塗布する。

材料

ウレタンゴム系防水材：〔⑫　　　〕のウレタンゴム系の防水材料。

ゴムアスファルト系防水材：液体状のゴムアスファルト系の防水材料。

塗膜防水施工状況

シーリング防水工事

シーリングとは、〔⑬　　　　〕・気密性のために部材接合部の隙間や目地にシーリング材を充填するものである。ペースト状の材料を目地に充填後、硬化してゴム状になるものを〔⑭　　　　〕弾性シーリング材といい、合成ゴムをひも状に成形して目地にはめ込むガスケットのことを〔⑮　　　〕シーリング材という。

シーリング防水工事施工状況

シーリング材（不定形弾性シーリング材）：一般的な種類として、〔⑯　　　　　　〕系、ポリサルファイド系、シリコーン系、ポリウレタン系がある。シーリング材が接着する面の〔⑰　　　〕により、シーリング材を使い分ける。

施工

バックアップ材の設置

マスキングテープ張り

〔⑱　　　〕の塗布

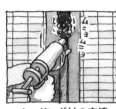
シーリング材の充填

ヘラによる表面仕上げ・マスキングテープ除去

シーリング防水施工手順（不定形弾性シーリング）

豆知識　水張り試験

防水工事完了後、〔⑲　　　　　〕を塞いで水を張り、水が〔⑳　　　　〕か確認する。保護断熱防水の断熱材の施工は水張り試験後とする。

語群

水密性　断熱性　塩化ビニル樹脂系　流れない　ウレタン　接着　機械式固定　変成シリコーン　下地
ドレン部分　紫外線　伸縮　ハケ　液体状　防水シート　不定形　オーバーフロー管　出隅・入隅　定形
漏れない　合成ゴム　プライマー　1/50

Part 2　着工から竣工まで

演習問題　外装仕上工事に関する次の文章と図の〔　　〕部分に、次頁の語群の中から最も適当なものを選んで、記述しなさい。

7-2　カーテンウォール工事

カーテンウォールは、〔①　　　　〕の自由度が高いため、多種多様な形状がある。外観の意匠性に大きく影響すると共に、雨や〔②　　〕を防ぐ役割を担う。地震による揺れの影響で、上下の階に動きの差が生じても部材の〔③　　　〕や〔④　　〕が生じないよう納まりを考慮することも重要となる。

1　カーテンウォールの種類

メタルカーテンウォール

〔⑤　　　　　　〕やスチール、ステンレスなどの金属フレームとパネルで構成される工場で製作したカーテンウォールを、メタルカーテンウォールという。

PCカーテンウォール

工場で製作したコンクリート製のカーテンウォールをPC（〔⑥　　　　　　　〕）カーテンウォールという。工場で〔⑦　　　　〕（タイルを打ち込むなど）を施すことで、建築物周囲に作業用〔⑧　　〕を設置することなく、室内側からの作業で外装を仕上げることができる。

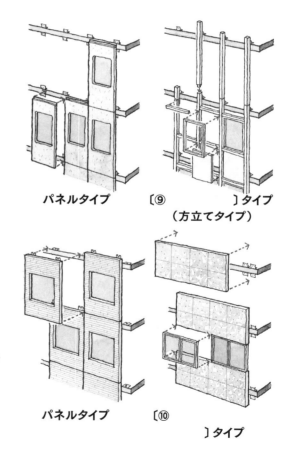

パネルタイプ　〔⑨　　　〕タイプ（方立てタイプ）

パネルタイプ　〔⑩　　　〕タイプ

2　カーテンウォールの取付け部

カーテンウォールは〔⑪　　　　　〕と呼ばれる金物によって躯体に取り付けられる。
カーテンウォールファスナーに要求される機能は3つある。

・自重や地震、風の力を建築物の〔⑫　　　〕に伝達する。
・水平や垂直方向の変形、パネルの〔⑬　　　〕を吸収する。
・躯体、パネル、取付けの〔⑭　　　〕を吸収する。

3 カーテンウォールの支持方式

建築物は、〔②　〕や〔⑮　　　〕などの力を受けて変形する。上下の階で水平方向に生じる相対的な差を層間変位という。この〔⑯　　　〕が生じてもカーテンウォール自体が〔⑰　　　〕しないよう追従させる支持方法として、スライド方式（スウェー方式）とロッキング方式がある。

スライド方式（スウェー方式）

上部または下部のファスナーをルーズホールにしてパネルを〔⑱　　　〕（スウェー）させて層間変位に追従させる。主に、〔⑲　　　〕のパネル形状に適する。

ロッキング方式

パネルを回転（〔⑳　　　〕）させて層間変位に追従させる。主に、〔㉑　　　〕のパネル形状に適する。

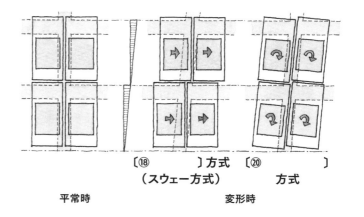

〔⑱　　　〕方式　〔⑳　　　〕方式
（スウェー方式）
平常時　　　　　変形時

4 カーテンウォールの取付け

PCカーテンウォールはタワークレーンなどの大型〔㉒　　　〕で吊り込み、下部から上部に向かって順次、積み上げるように取り付けていくことが多い。メタルカーテンウォールは、タワークレーンや取付け階の上階に設置された〔㉓　　　〕などで、各階に搬入したカーテンウォール部材を外部に吊り出しながら順に取り付けていくことが多い。

豆知識　カーテンウォールの排水ルート

カーテンウォールのガラス内側において、〔㉔　　　〕などによって水が滞留する可能性がある。滞留した水を外部に〔㉕　　　〕するためのルートを確保することが、カーテンウォールや建具の図面をチェックする際に重要なポイントとなる。

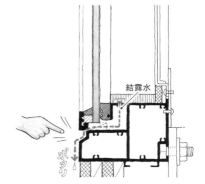

カーテンウォールの排水ルート例

語群

地震　揚重機　結露　スパンドレルパネル　デザイン　風　排水　マリオン　小型クレーン　アルミニウム　伸縮変形　層間変位　破損　損傷　プレキャストコンクリート　収縮変形　ファスナー　横長　誤差　足場　外装仕上げ　雪　脱落　縦長　ロッキング　スライド　温度変化　構造体

Part 2　着工から竣工まで

演習問題　外装仕上工事に関する次の文章と図の〔　　〕部分に、次頁の語群の中から最も適当なものを選んで、記述しなさい。

7-3　石工事

石工事は、かつては組積造（石を積む構造）により施工されていたが、現在は〔①　　　〕・施工性などの追求により、〔②　　　〕加工した石材を躯体に取り付ける方法が主流になっている。石材は〔③　　　〕であることから、同一種類の石材であっても、〔④　　　〕のばらつきが大きく、〔⑤　　　〕上の要求を確認する必要がある。

1　石の種類と表面仕上げ

建築用石材には花崗岩や大理石など多くの種類があり、各々用途に適した性質をもっている。石材の表面仕上げも〔⑥　　　〕仕上げや磨き仕上げなど多くの種類があり、石種によっては適さない仕上げもある。花崗岩はほとんどの仕上げが可能な石種である。

2　外壁の主な石張り工法

外壁湿式工法

石材を〔⑦　　　〕で躯体に取り付け、〔⑧　　　　　〕で補強する工法である。石材と躯体との空隙のすべてをセメントモルタルで充填する〔⑨　　　〕工法と、金物の周囲だけをセメントモルタルで補強する〔⑩　　　〕工法がある。外部からの衝撃に強いといった利点から、1階の腰壁など物が当たって〔⑪　　　〕しやすい箇所に部分的に採用されることがある。

外壁乾式工法

石材を取付け金物の〔⑫　　　　　〕で躯体に取り付ける工法である。
裏込めセメントモルタルがないため、〔⑬　　　〕のおそれやセメントモルタルの熱伸縮による石への影響がなく、また躯体との間に〔⑭　　　〕があるので、地震時に躯体の〔⑮　　　〕の影響を受けづらい。

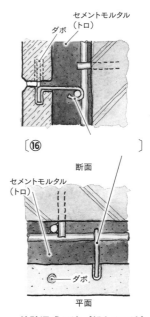

〔⑯　　　　〕
断面

平面

外壁湿式工法（総とろ工法）

石先付けプレキャストコンクリート工法

石材に〔⑰　　　　　〕と呼ばれる金物を取り付け、あらかじめ工場でプレキャスト部材に先付けする工法である。主に〔⑱　　　　　〕に用いられる。

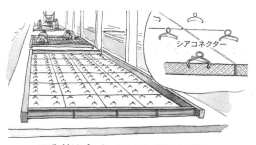
石先付けプレキャストコンクリート工法

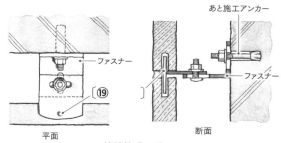
外壁乾式工法

3 濡れ色などの不具合対策

表面処理材

吸水性のある石の表面に浸透し、〔⑳　　　　　〕を形成する。それにより、濡れ色や白華現象、変色、シミなどを防止する。

裏面処理材

石の裏面からくる〔㉑　　　〕・セメントなどによる濡れ色、〔㉒　　　　　〕を防止する。〔㉓　　〕にも、処理をしないと目地付近で色ムラが発生することがあるので、注意が必要である。

豆知識　白華現象

白華（エフロレッセンス）とは、コンクリートやセメントモルタルの表面部分に浮き出る〔㉔　　　〕の〔㉕　　〕生成物のことである。これが浮き上がる現象を白華現象という。白華が生じたとしても、コンクリート構造物の強度に問題はなく、生成物も無害であるが、〔㉖　　〕上の問題となることがある。

語群

ダボ　金物　吸水防止層　小口　吸湿防止層　充填　湿気　薄く　空隙　品質　表面　経済性　総とろ　セメントモルタル　ファスナー　破損　白い　意匠　白華　外見　空積　構造上　アンカー　厚く　変形　石引き金物　炭酸カルシウム　粗面　カーテンウォール　シアコネクター　コッター　エフロレッセンス　天然材料

Part 2 着工から竣工まで

演習問題 外装仕上工事に関する次の文章と図の〔　　〕部分に、次頁の語群の中から最も適当なものを選んで、記述しなさい。

7-4 左官工事

左官工事とは、土、セメントモルタル、漆喰、プラスターなどを、建築物の外部・内部の壁や床に、〔①　　　〕で塗り付ける工事である。左官工事には〔②　　　　　〕として行うものと、タイル張りなどの〔③　　　　〕を行うものがある。

1 セメントモルタル塗り

現場打ちコンクリート面に〔④　　　　　〕を塗り付けることである。主に塗装仕上げ、壁装材（クロス）仕上げ、陶磁器質タイル張りの〔⑤　　　〕となる。

2 セメントモルタルの材料

普通ポルトランドセメント・〔⑥　　　〕（砂）・水を主原料とし、これに〔⑦　　　　　〕（混和材・混和剤）を加えてつくる。セメントモルタルの練混ぜは、均一に行うために〔⑧　　　　　〕などの機械を使用する。

3 施工手順

下地の処理

型枠を脱型したままの状態で、コンクリート面にセメントモルタルを塗り付けると、コンクリートとセメントモルタルの〔⑨　　　　　〕で剥離するおそれがある。デッキブラシ掛けをし、表面の〔⑩　　　〕部分を除去・清掃したり、超高圧洗浄（吐出圧150～200MPa）により、表面に凹凸を付ける処理（〔⑪　　　〕）をしたりする。

吸水調整材塗布

セメントモルタルは、下地のコンクリートに〔⑫　　　　　〕を吸われたり、日光や風により〔⑬　　　〕したりすると、脆くなる（〔⑭　　　　　〕する）おそれがある。吸水調整材を下地コンクリート面に塗布することで、塗り付けたセメントモルタル中の水分が急激に下地に吸い込まれることを抑制する。また、セメントと反応して界面の〔⑮　　　〕を向上させる。

下塗り・中塗り・上塗り

塗り厚により、〔⑯　　　　　〕が決まる。例えば3回塗りなら、下塗り→中塗り→上塗りの手順となる。躯体側（下塗り）は〔⑰　　　　　〕が要求されるため、セメント量の多い〔⑱　　　〕セメントモルタルを用いる。中塗りや、仕上げ側（上塗り）では、セメント量の少ない〔⑲　　　〕セメントモルタルが用いられる。

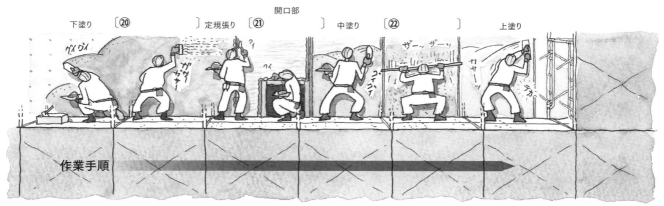

下塗り　〔⑳　　　〕　定規張り　〔㉑　　　〕　中塗り　〔㉒　　　〕　上塗り

壁セメントモルタル塗り（3回塗りの場合）

豆知識　左官技能労働者の労働領域

　現在、左官工事業はサブコンの中でも他職種と異なり、建築物の違いによって3つの労働領域（丁場）に区分されている。町場（まちば）・〔㉓　　　〕・半野丁場（はんのちょうば）はおおよそ4：3：3の割合で構成され、それぞれの丁場で活躍している。

町場（町丁場）

　木造住宅や神社仏閣を手掛ける日本古来の左官の労働領域。戸建住宅の場合、外壁のセメントモルタル塗りや室内の和室の壁塗りが主な仕事である。内壁は自然素材である〔㉔　　　〕や、調湿作用もある〔㉕　　　〕などがクロス壁に代わって再び注目されてきている。

語群

付着性　目荒らし　下地づくり　最終仕上げ　野丁場　接着強度　定規ずり　水分　貧調合　鏝　界面　粗骨材　漆喰　コンクリートミキサー　くし目引き　脆い　モルタルミキサー　混和材料　富調合　内部キズ　下地　ドライアウト　セメントモルタル　乾燥　珪藻土　抱き起し　接着性　細骨材　塗り回数

Part 2　着工から竣工まで

演習問題　外装仕上工事に関する次の文章と図の〔　〕部分に、次頁の語群の中から最も適当なものを選んで、記述しなさい。

7-5　タイル工事

1　タイルの種類と形状

タイルは吸水率、〔①　　　〕、成形方法、〔②　　　〕の有無によって種類が区分される。裏面にはセメントモルタルとの〔③　　　〕を良くするため、〔④　　　〕（凹凸）が付いている。

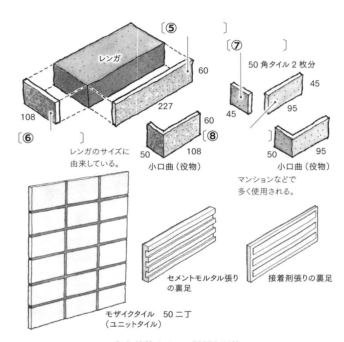

主な外装タイルの種類と形状

2　目地の種類と役割

タイル同士の間に一定の間隔をあけて張り付ける。この間隔を〔⑨　　　〕という。タイルサイズによって、標準の目地幅が決められており、〔⑩　　　〕用セメントモルタルを詰める。また、タイルは気象の変化に伴い〔⑪　　　〕を繰り返すため、タイルが剥離を起こす危険性がある。そのため、壁面3～4m間隔に〔⑫　　　　　〕目地を設ける。伸縮調整目地は一般的に10mm以上の目地幅を確保し、セメントモルタルではなく、〔⑬　　　　〕を充填する。躯体にひび割れ誘発目地や打継ぎ目地がある場合、伸縮調整目地と位置を〔⑭　　　〕させる。

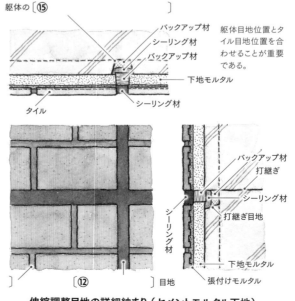

伸縮調整目地の詳細納まり（セメントモルタル下地）

3 タイルの割付け

割付けを正確に行うためには、〔⑯　　　　　　　　　〕作成段階から、建具寸法や〔⑰　　　〕、コンクリート寸法、〔⑱　　　　〕を検討しておく必要がある。

豆知識　タイルのパターン

タイルには様々な張り方があり、壁の印象が大きく変わる。

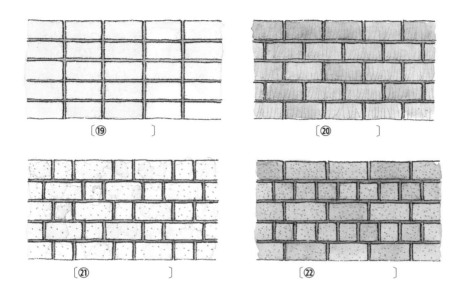

〔⑲　　　〕　　〔⑳　　　〕

〔㉑　　　　〕　　〔㉒　　　　〕

外装タイルの剥離・剥落事故

語群

伸縮調整　裏足　乾燥収縮　コンクリート躯体図　75角　シーリング材　開口位置　うわぐすり　付着
目地幅　一致　化粧目地　フランス張り　目地　目地深さ　伸縮調整　100角　大きさ　イギリス張り
50二丁　二丁掛　芋目地　小口平　ひび割れ誘発目地　馬目地　50角　膨張収縮

Part 2　着工から竣工まで

7-5　タイル工事

4　タイルの張付け工法

後張り工法

後張り工法とは、壁・床の下地面が完成後、タイルを張る工法である。

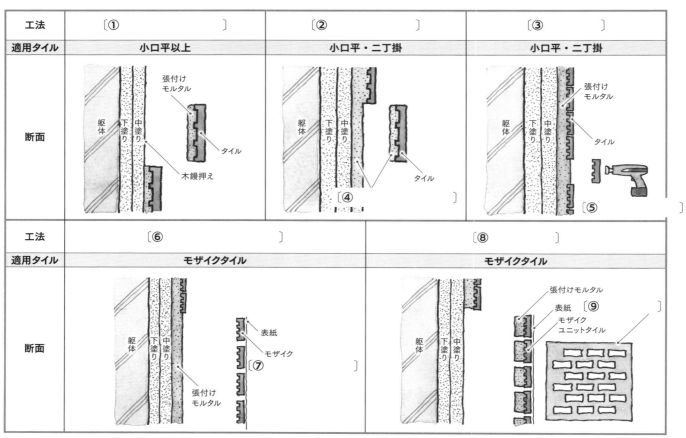

セメントモルタルによる張付け工法と断面

有機系接着剤張り

接着剤を用いてタイルを張り付ける工法。セメントモルタル張りに比べて下地コンクリートの大きなひずみ（〔⑩　　　〕）に追従できるため、タイルの〔⑪　　　〕の危険性が少なく、近年、採用されることが多くなっている。

乾式張り工法

下地に〔⑫　　　　　　〕を組んで、裏面に溝を設けたタイルを物理的に固定する（引っ掛ける）工法。

先付け工法

工場にてプレキャストコンクリート板製造の際に、型枠ベッド面または側型枠面にタイルを敷き並べてから、コンクリートを打ち込み、タイルが張り付けられたプレキャストコンクリート板をつくる工法。

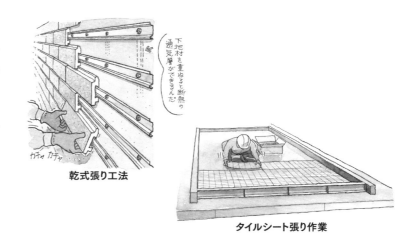

乾式張り工法

タイルシート張り作業

5 施工管理・検査

オープンタイムの管理

張付け材料や気温によってその一定の時間（〔⑬　　　　　〕）が決まっているので、オープンタイム内に張り終えるように〔⑭　　　　　〕が必要である。

充填率の確認

張付けモルタルや接着剤が〔⑮　　　〕にしっかり詰まっているか、タイル張りを始める際に確認する。

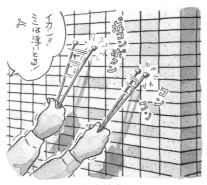

打音検査

打音検査

タイル用〔⑯　　　　　　　〕を用いてタイル壁面を転がしたり、叩いたりすることで、タイルの〔⑰　　　〕やひび割れの有無を打音で検査する。

引張試験

タイルの張付け強度を確認するために、引張接着強度試験（工事現場でのセメントモルタル張りの場合は、〔⑱　　　〕N/mm² 以上で合格）を行うこともある。

引張試験

語群

剥離　オープンタイム　テストハンマー　マスク張り　時間管理　ヴィブラート　浮き　裏足　下地モルタル
ステンレス金物　マスク　1.0　0.4　改良圧着張り　ユニットタイル　改良積上げ張り　収縮　密着張り
モザイクタイル張り　張付けモルタル

Part 2　着工から竣工まで

08 内装仕上工事

学習のポイント
内装仕上工事には、多くの仕上職種が入り、建築物内部の完成イメージが形になります。どのような工事があり、施工の順序はどのようになるか、最終仕上げとなる施工上の注意・留意点は何かを学んでください。内装仕上工事に必要な内容を理解しましょう。

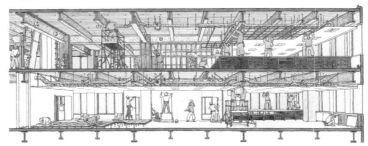

演習問題　内装仕上工事に関する次の文章と図の〔　　　〕部分に、次頁の語群の中から最も適当なものを選んで、記述しなさい。

8-1　建具工事

建具は、建築物の開口部に設けられる〔①　　　〕機能をもつ仕切りであり、主に壁（外壁や間仕切壁）の開口部に取り付けられて扉や窓として用いられる。用途は、出入口、通風口、〔②　　　〕、遮音、防犯など多岐にわたり、様々なタイプの建具が用いられている。

1　建具の種別

建具の種別として、機能、〔③　　　〕、開閉方法による分類がある。材質による種別は、アルミニウム製建具、〔④　　　〕建具、ステンレス製建具、木製建具、樹脂製建具に分けられる。

2　工場製作

〔⑤　　　〕に基づき、工場で要求仕様を満たした建具を製作する。

アルミニウム製建具

アルミニウム製建具は、軽量で、〔⑥　　　〕性質があり、ビルの外壁開口部にはアルミサッシとして広く用いられている。一方、〔⑦　　　〕、伸縮性、強度、防火性などに欠点があるので、取付け箇所の条件を確認する。

押出し加工

アルミニウムの地金を主原料とするアルミビレットを〔⑧　　　　〕加工し、指定された形状のアルミ形材をつくる。

表面処理

押出し加工されたアルミ形材は腐食に耐え、かつ美しさを保つために〔⑨　　　　〕（アルマイト処理＋塗装）をする。

鋼製建具

溶接加工は、〔⑩　　　〕による著しい変色、ゆがみ、溶接むらなどのないように注意して行う。

3 現場取付け

アルミニウム製建具

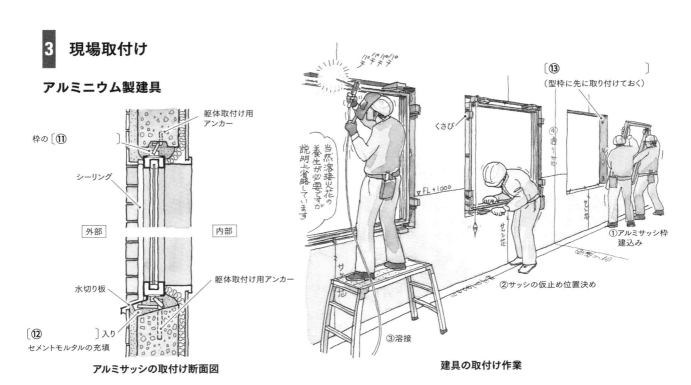

枠の〔⑪　　〕
躯体取付け用アンカー
シーリング
外部　内部
水切り板
躯体取付け用アンカー
〔⑫　　　〕入り
セメントモルタルの充填

アルミサッシの取付け断面図

〔⑬　　　　〕
（型枠に先に取り付けておく）
くさび
①アルミサッシ枠建込み
②サッシの仮止め位置決め
③溶接

建具の取付け作業

鋼製建具

扉の場合は、取付け前に下枠（くつずり）の裏面に〔⑭　　　　　　〕を詰める。取付け前にセメントモルタルを詰めておくことで、くつずり部の中が〔⑮　　　〕となることを防ぎ、使用時に踏んだ際の〔⑯　　　〕や過大な荷重が掛かることによる変形を防ぐ。

語群

材質　表面処理　開閉　建具製作図　音鳴り　耐酸性　接着剤　鋼製　充填　空洞　押出し　防水剤　セメントモルタル　耐アルカリ性　採光　熱　錆びにくい　溶接　割れ　錆びやすい　コンクリート寸法図　サッシアンカー

Part 2　着工から竣工まで

演習問題　内装仕上工事に関する次の文章と図の〔　　〕部分に、次頁の語群の中から最も適当なものを選んで、記述しなさい。

8-2　ガラス工事

　ガラス製品は、建築物のエネルギー効率改善やCO_2〔①　　　〕排出削減に取り組む上で重要な役割を果たしている。それに加えて、高採光、〔②　　　〕、防火、防音、安全・防犯、プライバシー、装飾、セルフクリーニングシステムなどの最新の機能で、より快適で安全な空間づくりに貢献している。

1　種類

板ガラス

平板状のガラスで、ビルや共同住宅などに幅広く使用されている。

熱線吸収板ガラス

〔③　　　〕を高めるため、ガラス原材料に金属を加え着色したガラス。

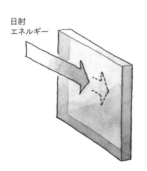

熱線反射ガラス

スパッタリング技術により、板ガラスの表面に極薄の金属膜をコーティングした、〔④　　　〕の高い表面がミラー状のガラス。

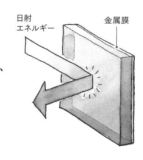

加工ガラス

板ガラスを加工することで、機能性を高めたガラス。

倍強度ガラス

〔⑤　　　〕を施し、耐風圧強度を約2倍に高めた板ガラス。

合わせガラス

2枚以上の板ガラスの間に特殊樹脂フィルムを挟み、加熱圧着したガラス。〔⑥　　　〕の仕様を変えることで、防犯・防音効果や紫外線の透過を低減する効果もある。

複層ガラス

　一般に板ガラスをスペーサーで一定の間隔に保ち、その間に〔⑦　　　　〕やアルゴンガスが封入された（または真空状態にした）〔⑧　　　　〕を設ける形で1ユニットを構成するガラス。

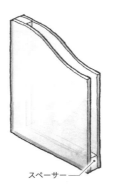
スペーサー

Low-E複層ガラス

　Low-E（低放射：Low Emissivity）とは、複層ガラスのうち、その内面部に特殊な金属を〔⑨　　　　〕したものをいう。

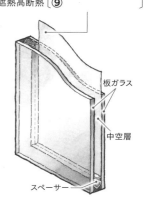
遮熱高断熱〔⑨　　　　〕
板ガラス
中空層
スペーサー

2　工場製作

　ガラスは珪酸（SiO_2）が主成分の〔⑩　　　　〕と呼ばれる砂が主原料となっており、これを溶かし、用途に応じた形に成型するとガラス製品になる。珪酸と〔⑪　　　　〕と生石灰がガラスの主成分である。

3　現場取付け

　工場で加工したガラスを現場ではめ込む。ガラスは、ガラス取付用の〔⑫　　　　〕を使用して、人力または〔⑬　　　　〕を用いて取付けを行う。

ガラス取付け用の吸盤

4　ガラスの取付け方法

　ガラスの建具枠への〔⑭　　　　〕（ガラスをはめ込んだとき、溝に埋まる部分の寸法）は、ガラスの種類・厚さにより異なるため、確認する。下枠部分の外部シールは〔⑮　　　　〕をつけてガラス側へ盛り上げる。

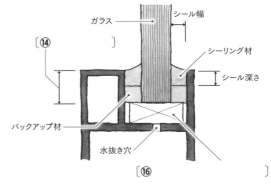
ガラス／シール幅／〔⑭　　〕／シーリング材／シール深さ／バックアップ材／水抜き穴／〔⑯　　　　〕
不定形シーリング材による取付け（断面）

豆知識　ガラスの種類による割れ方

　強化ガラス・倍強度ガラスなどの熱処理ガラスは、ガラス内に残存する微小な異物（硫化ニッケル）が体積膨張した際に突然破損することがあり、〔⑰　　　　〕と呼ばれる。

語群

珪砂　勾配　冷却処理　コーティング　スペーサー　張付け　物理的破損　吸盤　セッティングブロック
反射率　結露防止　自然破損　機械　加熱処理　かかりしろ　省エネルギー　二酸化炭素　日射吸収
炭酸ナトリウム　中空層　吸収率　中間膜　乾燥空気　炭酸カルシウム

Part 2 着工から竣工まで

演習問題 内装仕上工事に関する次の文章と表の〔　　〕部分に、次頁の語群の中から最も適当なものを選んで、記述しなさい。

8-3 塗装工事

塗装工事には、大きく分けて2つの目的がある。1つは塗料を使って下地の「〔①　　　〕」を行うこと、もう1つは下地の「〔②　　　〕」を行うことである。塗装により、下地のままの状態に比べ、〔③　　　〕の進行や〔④　　　〕の付着などを防ぐことができる。

1 塗装工事の基本

塗装は、大きく3つのケースに分けられている。これらを使い分けて効率良く作業を進めていく。

（1）鉄骨やサッシなどの製作工場で塗装工程のすべてを完了し、〔⑤　　　〕として納入する場合。常に同じ環境条件で施工できるため〔⑥　　　〕の品質を確保しやすい。ただし、仕上げ面の養生などが必要となる。

（2）製作工場で塗装工程の一部が施工され、工事現場で取付け後、〔⑦　　　〕の工程が行われる場合。工場では、鉄骨柱などの大きな部材を寝かした状態で塗装作業が可能となるので、工事現場では〔⑧　　　〕部材も作業しやすくなる。

（3）工事現場で取り付けられた製品や壁などの下地を、現場にて塗装する場合。工事現場での作業となるため、ほかの技能労働者の出入りや気象・気候などの〔⑨　　　〕の調整や〔⑩　　　〕が重要となる。

2 塗装材料の確認

塗料の構成

塗装工事で使用する塗料は大きく分けて、着色するための〔⑪　　　〕、主成分の合成樹脂・油類、塗膜の改質を行う添加剤、樹脂類の希釈に用いる〔⑫　　　〕、という4つの成分で構成されている。

顔料以外の3種類の成分を混ぜ合わせたものを〔⑬　　　〕（ワニスまたはニス）といい、顔料を混ぜると、〔⑭　　　〕（エナメル）と呼ばれるものになる。

塗料の種類

塗料は種類が多く、名称も長いものが多いことから、混乱を防ぐ意味で図面の記入や施工現場での取扱いには、〔⑮　　　〕が使用される場合がある。

塗装仕様と略号の例

塗装仕様	略号
合成樹脂調合ペイント	〔⑯　　　〕
合成樹脂エマルションペイント	〔⑰　　　〕
耐候性塗料	〔⑱　　　〕
クリヤラッカー	〔⑲　　　〕

塗料と塗装する部位（素地）の関係

塗料を構成する成分の中の樹脂は塗膜の主体となるが、この樹脂の種類によって、塗ることができる材料と、できない材料（〔⑳　　　〕と塗料の〔㉑　　　〕が悪い）があるので注意が必要である。

豆知識　スグレモノな塗料

塗装工事は、基本的に素材の美装と保護が主な目的だが、近年、耐火塗料、光触媒塗料、落書き防止塗料、高日射反射塗料といった新たな〔㉒　　　〕をもつ塗料が数多く開発されている。

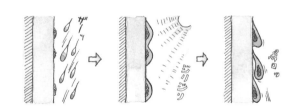

語群

SOP　CL　記号　EP　美装　完成品　透明塗料　有色塗料　埃　溶剤　下地　素地　養生　腐食　平滑さ　色合　相性　保護　DP　同一　作業環境　塗装しにくい　機能　顔料　残り

Part 2 着工から竣工まで

8-3 塗装工事

3 塗装工事の現場施工

塗装工法

工事現場での塗装工法は大きく、はけ塗り、〔① 　　　　　　〕塗り、吹付け塗りの3つの工法に分けられる。

それぞれの長所・短所を考慮し、状況に合わせて最適な方法を選択していく。

はけ塗り

〔② 　　　　〕に塗装材料を十分に含ませ塗装面に運び、その塗材を均一に塗り付ける工法。

ローラーブラシ塗り

ローラーカバーに塗装材料を十分に含ませて、塗装面に運び、ローラーを転がしながら均一に塗り付ける工法。

吹付け塗り

機械装置を使用し、塗装材料を〔③ 　　　　〕にして塗装面に吹き付ける工法で、〔④ 　　　　〕やエアレススプレーガンを使用する方法。

塗装作業の流れ

塗装作業の一般的な流れは、素地ごしらえ→下塗り→中塗り→上塗りという工程となる。

素地ごしらえ

塗装工事における素地とは、塗装される素材面のことで、金属系、〔⑤ 　　　　　　　　〕系、木質系などがある。素地には通常、〔⑥ 　　　　〕や埃、ヤニなどの汚れが付着しており、これらは塗装の仕上がりを悪くし、塗膜の性能低下を招くとともに、塗膜の〔⑦ 　　　　〕に著しい悪影響を与える。塗装が十分にその機能を果たすためには、事前にこれらの〔⑧ 　　　　〕を除去する必要がある。素地を清掃し、塗装材料が適切に接着することのできる面にしておくことや素地面のくぼみや目違い部にパテをつけて平らにすること（〔⑨ 　　　　　〕）を素地ごしらえ（〔⑩ 　　　　〕）という。

下塗り

下塗りは、素地に直接塗装する最初の工程になる。素地を目張りする（シール）意味からシーラーとも、最初の塗装工程で使う意味からプライマーともいうが、目的は同じで素地に対する主材の〔⑪ 　　　　〕および付着性を高めることである。

中塗り

中塗りは、〔⑫ 　　　　〕の性能の補助や強化といった役割がある。上塗りと同じ塗料を使用するが、それぞれの色は変えておく。

上塗り

　上塗りは仕上げ面であるため、〔⑬　　　　〕の機能を有する必要があると共に、〔⑭　　　　〕（耐水・耐久・耐薬品）の役割が必要になってくる。上塗り面が〔⑮　　　　〕的な仕上げとなる。

作業手順

4 環境問題

　塗料や建築資材の一部には〔⑱　　　　〕が用いられており、場合によってはそれが人体に悪影響を及ぼす原因（シックハウス症候群など）となることがある。その影響を防ぐために、細かな成分やその特徴を記したSDS（〔⑲　　　　〕）を確認し、設計図書どおりの材料を使用しているかを確認する必要がある。

　SDSには、〔⑳　　　　〕等級（F☆☆☆☆）など、VOC（〔㉑　　　　〕）などについて、記載されている。

語群

吸込み調整　ホルムアルデヒド　付着物　セメント・せっこうボード　耐候性能　下塗り　耐用年数　はけ
中塗り　最終　油類　素地調整　化学物質　エアスプレーガン　性能データシート　揮発性有機化合物
液状　安全データシート　ローラーブラシ　鏝塗り　PM2.5　美装　発がん性　パテかい　霧状　上塗り

Part 2　着工から竣工まで

演習問題　内装仕上工事に関する次の文章と図の〔　　　〕部分に、次頁の語群の中から最も適当なものを選んで、記述しなさい。

8-4　軽量鉄骨下地・内装・ALC工事

主に各部屋の天井・壁・床について下地から最終仕上げまで行い、仕上がった部分は傷をつけないようにしっかりと〔①　　　〕し、注意しながら残りの作業を進めていく。

1　墨出し

高さの基準墨（〔②　　　〕）は一般的に床仕上げから1,000mm上がった位置に出す。床面の墨出しは、通り芯から〔③　　　〕mmの位置に〔④　　　〕を出す。部屋の壁位置・出入口位置などを施工図または設計図から読み取り、床面に墨を出していく。

2　壁下地

内装の壁下地は、一般に〔⑤　　　〕（LGS：ライトゲージスチール）が使用される。軽量鉄骨下地はランナー、〔⑥　　　〕、補強材（スペーサー、振れ止め）などから構成される。

3　天井下地

軽量鉄骨下地は一般的に〔⑦　　　〕、ハンガー、野縁受け、クリップ、野縁で構成される。コンクリート打設時にあらかじめ上階の床スラブ下面に〔⑧　　　〕（めすネジ）を設置しておき、それを利用して吊りボルトを吊り下げ、下地を組み立てていく。

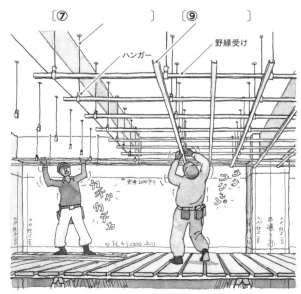

軽量鉄骨天井下地

耐震天井（天井の脱落防止）

天井高6mを超え、かつ水平投影面積〔⑩　　〕㎡を超え、かつ構成材の質量〔⑪　　〕kg/㎡を超える天井は国土交通省告示で「〔⑫　　〕」として定められている。

4 天井仕上げ

在来工法

軽量鉄骨天井下地に〔⑬　　　〕直張りを行った後、もう1枚仕上げ用のボードを張るか、ボードのジョイント部を〔⑭　　　〕し平滑にし、その表面を部屋の用途に応じて仕上げる。

システム天井

上階の躯体から吊り下げた〔⑮　　〕と呼ばれる金属製の枠を主に使用し、岩綿吸音板と設備機器のパネルを落とし込む工法である。

主にオフィスビルの〔⑯　　〕天井に採用されることが多い。作業の効率化・設備機器の増設や移設が比較的容易にできるメリットがある。

天井岩綿吸音板張り状況

ライン型システム天井

グリッド型システム天井

岩綿吸音板
Tバー
フラットタイプ

岩綿吸音板
Tバー
テギュラータイプ

Tバー部詳細

語群

天井インサート　3　陸墨（ろくずみ）　1,500　野縁　芯墨　逃げ墨　アンカーボルト　300　Tバー　吊りボルト　せっこうボード　スタッド　200　1,000　特定天井　パテ処理　2　軽量鉄骨材　Mバー　養生　事務室

Part 2　着工から竣工まで

8-4　軽量鉄骨下地・内装・ALC工事

5　壁仕上げ

天井と同様に軽量鉄骨下地に〔①　　　　　〕を張り付け、その表面を部屋の使用用途に応じて仕上げる。

主な壁仕上げの種類を以下に示す。

・塗装
・クロス張り
・化粧合板（表面仕上げの施されたもの）
・タイル張り
・石張り

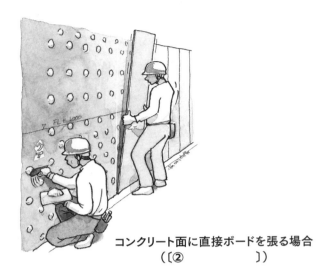

コンクリート面に直接ボードを張る場合
（〔②　　　　　〕）

6　床仕上げ

直床

床のコンクリートを〔③　　　　　〕し、そのまま下地に使用する方法や、セメントモルタル塗りや〔④　　　　　〕を使用して平滑にする方法がある。

フリーアクセスフロア

大量の〔⑤　　〕・配管を行うために床を二重にし、その空間を有効利用した床仕上げ。コンクリートスラブに固定された支持脚で〔⑥　　　　　〕を支える形状が多く使用されている。

また、〔⑦　　　　　〕の設置による振動の低減・支持脚の補強による〔⑧　　　　　〕の向上など求められる性能により、様々な工夫がされている。

セルフレベリングの施工

フリーアクセスフロアの施工

7 その他

断熱工事

外部の温度が建物内の生活環境に影響を与えないようにするため、〔⑨　　　〕が低く〔⑩　　　〕の高い断熱材を外壁や屋根、1階床下に施工する。断熱材の種類としては主に〔⑪　　　〕やポリスチレンフォームなどの発泡系の材料がある。

ALC工事

ALC（Autoclaved Lightweight aerated Concrete）は、〔⑫　　　〕養生した〔⑬　　　〕気泡コンクリートのことである。ALCパネルを梁鉄骨やスラブに金物で取り付けて壁を形成する。ALCパネルは、軽量で断熱性・〔⑭　　　〕に優れており、主に鉄骨造の建築物の外壁や〔⑮　　　〕に使用される。

防火区画工事

大規模建築物では、建築基準法により火災を局部的にとどめて火災拡大を防止するため、防火区画の設置が義務付けられている。

一定の〔⑯　　　〕ごとに区画する（面積区画、高層区画）、また階段やエレベーターのように建築物の上下階を貫通している〔⑰　　　〕を区画する（竪穴区画）ものなどがある。

区画を構成する壁の種類としては、ALC板、押出成形セメント板などの〔⑱　　　〕やLGSとせっこうボードの組合せで〔⑲　　　〕を取得したものなどがある。

ALCパネル取付け状況

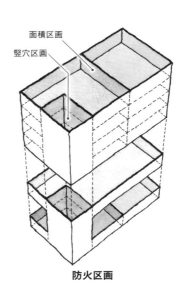

防火区画

語群

ウレタンフォーム　金鏝押え　高温高圧蒸気　耐火認定　面積　防振ゴム　接着工法　熱伝導率　難燃材　間仕切り壁　準不燃材　せっこうボード　配線　空間　耐火性　セルフレベリング　木鏝押え　GL工法　耐水性　不燃材料　断熱効果　耐震性能　重量　軽量　床パネル　制振性能

Part 2　着工から竣工まで

09 設備工事

学習のポイント
建築における省エネルギーや再生可能エネルギー利用は今後ますます重要度を増し、さらにはIoT、AIに代表されるITの活用・高度化など、設備工事は今まで以上に高い技術が求められていきます。ここではその基礎をしっかりと学び、内容を理解しましょう。

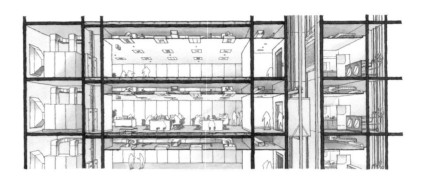

演習問題　設備工事に関する次の文章と図の〔　　　〕部分に、次頁の語群の中から最も適当なものを選んで、記述しなさい。

9-1　電気設備工事

電気設備工事の概要

電力引込み・受変電設備・発電設備

　建築物の電力は、電力会社の高圧配電路から〔①　　　　　〕へ引き込み、建築物で使用する〔②　　　　　〕に降圧される。受変電設備は〔③　　　　　　　〕が用いられることが多く、電気室や建築物の屋上などに設置される。また、発電設備には停電時の〔④　　　　〕として、防災設備用として法的に必要な〔⑤　　　　〕と一般設備に供給する〔⑥　　　　〕、省エネルギーを目的として設置されるコージェネレーション設備（エネルギー供給する方式の1つで、熱源より電力と熱を同時に供給するシステム）がある。

幹線設備

　受変電設備にて〔⑦　　　　〕（22KV、6,600Vなど）から〔⑧　　　　〕（400V、200V、100Vなど）に変電された電力を、建築物内の使用場所まで〔⑨　　　　〕する設備である。〔⑩　　　　〕が流れるため、バスダクトや大口径のケーブルが使用され、EPS（電気設備用パイプスペース）に配置される電灯分電盤や〔⑪　　　　　〕へ配電する。〔⑫　　　　〕は金属管ダクトの内部に絶縁支持された裸導体または絶縁体を収納し、大電流を送電できるようにしたものである。

照明設備・電灯コンセント設備

〔⑬　　　　〕から〔⑭　　　　　　〕やコンセントまでの配線と器具類の設置を行う。天井内部には照明、壁コンセント回路の配線、床、フリーアクセスフロア内には〔⑮　　　　　　〕を配線する。

通信・情報設備

弱電設備は、人体に感電のおそれの低い電圧を使ったものである。〔⑯　　　〕や情報伝達を行うもので、〔⑰　　　　〕、情報設備、テレビ共聴設備、インターホン設備、放送設備などがある。

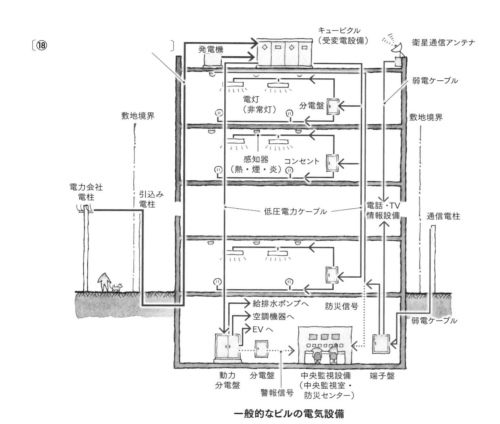

一般的なビルの電気設備

語群

電灯分電盤　低圧　照明器具　高圧電力ケーブル　インターネット　通信　屋内電気室　コンセント回路
キュービクル式配電盤　弱電端子盤　保安用　送電　動力制御盤　予備電源　大電流　電話設備　高圧
非常用　バスダクト　低圧電圧　受変電設備　動力設備　発電　放送設備

Part 2　着工から竣工まで

演習問題　設備工事に関する次の文章と図の〔　　〕部分に、次頁の語群の中から最も適当なものを選んで、記述しなさい。

9-2　空気調和設備工事

1　熱源方式

中央熱源方式

熱源機器を地下機械室や屋上に設置して、冷水、〔①　　　〕または蒸気などの〔②　　　〕を製造し搬送する方式である。例えば、冷房用に〔③　　　〕で冷水、暖房用に〔④　　　〕で温水または蒸気を製造し熱媒を空調機へ搬送する。

個別分散方式

各階または各ゾーンに〔⑤　　　〕を分散設置する方式である。例えば、ビル用マルチパッケージ型空調機（電気主体）があり、1台の〔⑥　　　〕と複数の〔⑦　　　〕を接続しているシステムで、室内単位ごとに〔⑧　　　〕の運転が可能である。通称〔⑨　　　〕といい、テナントビルなどを中心に多種多様な建築物で使われている。

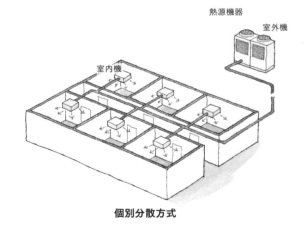

中央熱源方式

個別分散方式

2　空調方式

単一ダクト方式

中央熱源方式に用いられる空調方式。〔⑪　　　〕から1本のダクトにより各室に〔⑫　　　〕を送風する方式。空調条件や空調機の起動、停止などは〔⑬　　　〕単位となる。単一ダクト方式には2種類あり、給気風量が一定のものを〔⑭　　　〕（CAV）方式、風量を調整できるものを〔⑮　　　〕（VAV）方式という。

ファンコイルユニット方式

中央熱源方式、個別分散方式どちらにも用いられる空調方式。インテリア空調およびペリメータ（窓

際）空調に適用される〔⑩　　　　　〕を設置して、〔⑯　　　　〕により冷暖房を行う水方式である。

ユニットごとに制御可能なので、〔⑰　　　　　〕に優れている。

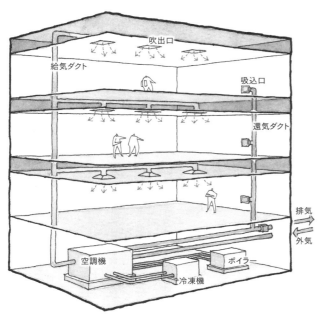

単一ダクト方式

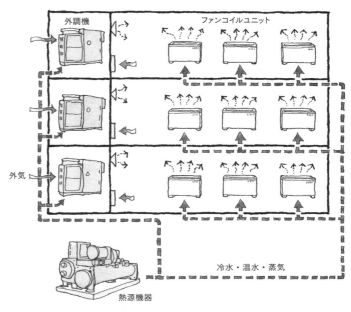

ファンコイルユニット方式

3 換気方式

第一種機械換気

給排気ともファンで行う。最も確実な給気、排気ができ、機械室、駐車場などに適用される。

第二種機械換気

給気をファンで行う。周囲の部屋よりも圧力を高くし、汚れた空気の進入を防ぐクリーンルームなどに適用される。

第三種機械換気

〔⑱　　　　〕をファンで行う。周囲の部屋よりも圧力を〔⑲　　　　〕し、臭気や水蒸気などを他室に流出させない〔⑳　　　　〕、浴室などに適用される。

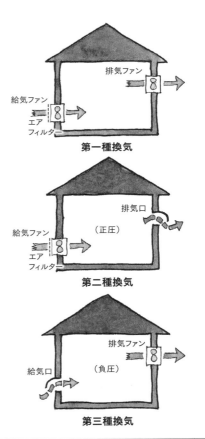

第一種換気

第二種換気

第三種換気

語群

冷媒　空調機　各ゾーン　ファンコイルユニット　各室　変風量　ヒートポンプ　個別　熱源機　温水　高く　ボイラー　室外機　暖房機　室内機　定風量　個別制御性　便所　ビルマル　冷温水　排気　低く　熱媒　冷凍機　空調空気

Part 2　着工から竣工まで

演習問題　設備工事に関する次の文章の〔　　〕部分に、次頁の語群の中から最も適当なものを選んで、記述しなさい。

9-3　給排水衛生設備工事

1　衛生器具設備

排水トラップ

排水管の途中に〔①　　　〕を溜められるようにすることで、下水管からの〔②　　　〕や虫などが室内に侵入するのを防ぐ。溜められた水のことを〔③　　　〕といい、封水深さは〔④　　　〕mm以上〔⑤　　　〕mm以下とする。

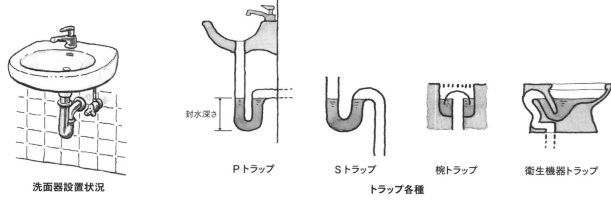

洗面器設置状況　　Pトラップ　　Sトラップ　　椀トラップ　　衛生機器トラップ

トラップ各種

配管

配管材料は、流体によって材質を選ぶ必要がある。

〔⑥　　　〕は、一般的に硬質塩化ビニルライニング鋼管、〔⑦　　　　　　〕が一般的に使われる。

〔⑧　　　〕としては、〔⑨　　　　　　〕や排水用硬質塩化ビニルライニング鋼管が一般的に使われている。

硬質塩化ビニルライニング鋼管　　ステンレス鋼鋼管　　排水用硬質塩化ビニルライニング鋼管　　硬質塩化ビニル管

配管のいろいろ

2 給水設備（給水方式）

高置水槽方式（中～大規模建築物）

水道本管から引き込み、〔⑩　　　　〕に一度貯水した水を、揚水ポンプによって屋上の〔⑪　　　　〕へ揚水し、以降〔⑫　　　　〕によって建物内の必要箇所に給水する方式である。最上階の〔⑬　　　　〕の〔⑭　　　　〕を確保できるよう高置水槽の高さを設定する。

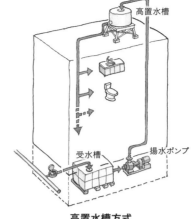

高置水槽方式

3 給湯設備（給湯供給方式）

給湯供給方式は、湯の使用箇所ごとに加熱装置を設けて給湯する〔⑮　　　　〕と、機械室などに加熱装置を設けて給湯配管によって供給する〔⑯　　　　〕とに大別できる。温水の使用箇所の多いホテルや〔⑰　　　　〕においては中央給湯方式が採用されているが、集合住宅においては、住戸内局所方式が主流である。

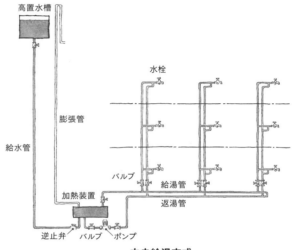

中央給湯方式

4 排水・通気設備

自然排水（重力式排水）

配管に勾配をつけ、重力による自然流下で排水する。

強制排水（機械式排水）

〔⑱　　　　〕によって加圧し強制的に排水する。最終放流先より建物内の配管が〔⑲　　〕時や、適切な〔⑳　　〕を確保できない（自然排水ができない）時に採用する。排水した水は、排水桝を経由して、〔㉑　　　　〕に流し込む。

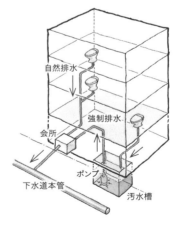

自然排水と強制排水

語群

局所給湯方式　100　硬質塩化ビニル管　150　病院　衛生器具　低い　水　受水槽　高置水槽　学校　加圧　給水管　下水道本管　臭気　封水　給水圧力　排水ポンプ　空気　高い　勾配　中央給湯方式　排水管　ステンレス鋼鋼管　50　黒ガス管　重力

Part 2　着工から竣工まで

演習問題　設備工事に関する次の文章の〔　　〕部分に、次頁の語群の中から最も適当なものを選んで、記述しなさい。

9-4　昇降機設備工事・機械式駐車設備工事

1　エレベーター

高層建築物や低層建築物それぞれの建物形状、設置場所に対応して〔①　　　〕または油圧式が採用される。ロープ式ではトラクション式と〔②　　　〕がある。トラクション式の〔③　　　〕のあるタイプは用いられることが多く、かごと釣合い錘とのバランスを考慮し、搬器上部の〔④　　　〕で駆動し、〔⑤　　　〕が良い。一方、機械室のないタイプは、建築物の〔⑥　　　〕に機械室を設置する必要はない。また、一部の条件を除き、高さ〔⑦　　　〕mを超える建築物には非常用エレベーターの設置が義務付けられている。定格速度〔⑧　　　〕m/分以上とし、〔⑨　　　〕・中央管理室と連絡する電話装置・呼戻し装置を設置するなどの規定がある。

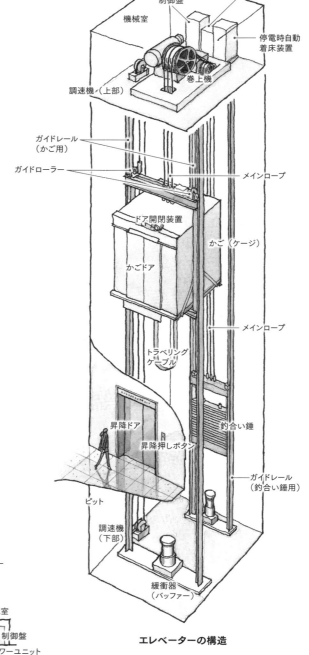

エレベーターの構造

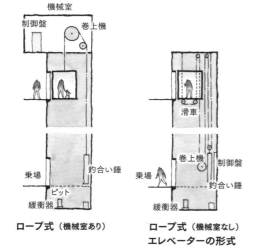

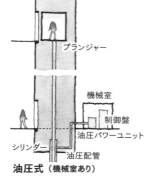

ロープ式（機械室あり）　　ロープ式（機械室なし）　　油圧式（機械室あり）

エレベーターの形式

2 エスカレーター

エスカレーター設置の際における勾配は、〔⑩　　　〕°以下とする。また、踏段の両側に手すりを設けて手すりの上端部が踏段と同一方向に同一速度で〔⑪　　　〕するように調整しなければならない。

東日本大震災においてエスカレーターの脱落が発生したことから建築基準法施行令の一部が改正され、〔⑫　　　〕との十分な〔⑬　　　　　〕の確保が定められている。

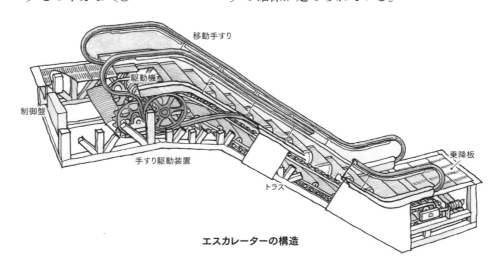

エスカレーターの構造

3 機械式駐車設備

機械式駐車設備は、平面に駐車する場合と比較して多くの台数を駐車することが可能である。〔⑭　　　　　〕、多層循環方式、〔⑮　　　　〕、平面スライド方式などがある。

垂直循環方式は、自動車を駐車する〔⑯　　　　〕を機械式駐車設備内の左右の縦方向に配置し〔⑰　　　〕させる。

二段方式・多段方式は、駐車している車両の上下にほかの車を駐車させて利用効率を高める。

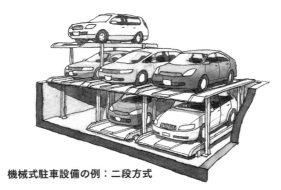

機械式駐車設備の例：二段方式

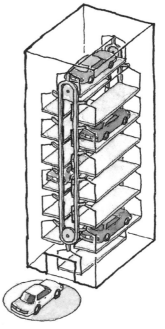

機械式駐車設備の例：垂直循環方式

語群

パレット　かかりしろ　90　支持部　上部　30　60　巻胴式　連動　垂直循環方式　二段方式　油圧式　ロープ式　31　速度　効率　機械室　循環　巻上機　45　予備電源

Part 2　着工から竣工まで

演習問題　設備工事に関する次の文章と図の〔　　　〕部分に、次頁の語群の中から最も適当なものを選んで、記述しなさい。

9-5　防災設備工事

1　消防法に基づく消防用設備

消火設備

消火設備には、火災の初期に用いる〔①　　　〕、屋外・屋内の消火栓、消火器で消火できなくなった火災に用いる〔②　　　　　　〕、このほか〔③　　　　〕などの特殊可燃物の消火に用いられる〔④　　　　　　〕や泡消火器などがある。

屋内消火栓設備

建築物の〔⑤　　　　〕が使用する消火設備で、各階階段付近の人目につきやすい〔⑥　　　〕に設置される。バルブやホースが格納されており、消火活動を行うことが可能である。屋内消火栓には2人で操作する〔⑦　　　〕消火栓と1人で操作可能な〔⑧　　　〕消火栓（および易操作性1号消火栓）がある。

連結送水管

高層階や大規模な〔⑨　　　　〕の消火活動のために設置される。外部の〔⑩　　　　〕から各階の〔⑪　　　　〕まであらかじめ配管しておき、消防隊が放水口にホースを接続して消火活動を行う。

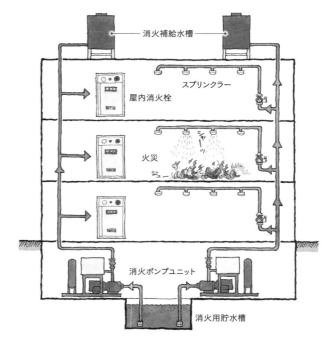

屋内消火栓設備・スプリンクラー

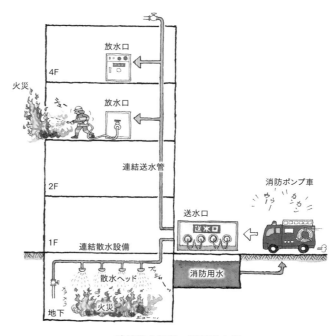

連結散水設備・連結送水管

2 建築基準法に基づく防災設備

非常用の照明装置

〔⑫　　　　　〕した場合に自動的に点灯し、避難するまで一定の〔⑬　　　　　〕を確保する。

豆知識　加圧排煙設備

機械排煙設備は排煙機による〔⑭　　　　　　　〕排煙が一般的であるが、吸引ではなく室内を〔⑮　　　　〕して煙の侵入を防止する加圧排煙方式の方が効果的であるという考えもあり、採用事例も増えてきている。ただし、加圧排煙方式とする場合は建物別に〔⑯　　　　　〕が必要となる。

また、非常用エレベーターホールおよび〔⑰　　　　　　　〕の附室には、排煙設備のほかに給気ダクトと〔⑱　　　　〕が必要となる。

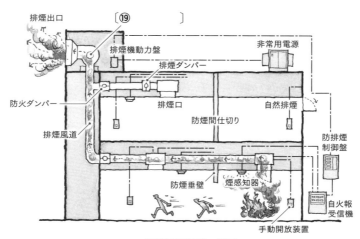

機械排煙設備の概要

語群

照度　吸引　停電　加圧　確認申請　排煙機　2号　給気口　管理者　放水口　1号　給水口　輝度　消火器　スプリンクラー設備　送水口　水噴霧消火器　地下街　危険物　特別避難階段　大臣認定　廊下　居住者

Part 2　着工から竣工まで

演習問題　設備工事に関する次の文章と図の〔　　〕部分に、次頁の語群の中から最も適当なものを選んで、記述しなさい。

9-6　建築と設備のかかわり

1　計画時：建築と設備の整合性の検証

建築工事と設備工事の調整を行うにあたっては、建築の〔①　　　〕をベースに〔②　　　〕の内容を盛り込んだ〔③　　　〕を作成し、情報共有を図るのが一般的である。

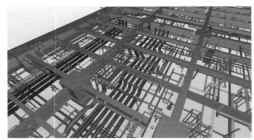
BIM（ビルディング・インフォメーション・モデリング）を用いた設備配管検討の例

2　躯体工事時：配管・配線ルートの確保

型枠および〔④　　　〕の施工時に梁やスラブに配管や配線をするための〔⑤　　　〕や箱抜きおよび躯体打込みの電線管、ボックスの取付けや〔⑥　　　〕を施工する。なお、梁や壁を貫通させる場合は、鉄筋や〔⑦　　　〕の補強（開口補強）が必要である。

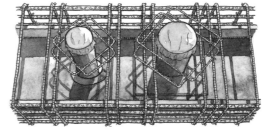
梁貫通スリーブ（SRC造の場合）

3　内装仕上工事前：配管・配線、機器の設置

建物内の〔⑧　　　〕や電気室、屋上の機械設置スペースでは受水槽・〔⑨　　　〕・空調機器・キュービクルなどの機器を設置し、電気・〔⑩　　　〕・ガスを外部から引き込んで建物全体に送る準備を整える。

クレーンによる屋上の設備機器の揚重

4 内装仕上工事と並行：機器・器具の設置、試運転調整

工事完了にあたっては各設備機器が目的の動作や〔⑪　　　〕を発揮するための〔⑫　　　〕と性能試験を行う。

電気の〔⑬　　　　　〕、給排水管の通水試験、ガス配管の〔⑭　　　　　〕、空調機の〔⑮　　　〕・温度測定など様々な試験・調整が行われる。

空調機の取付け　　照明器具の取付け　　衛生器具の取付け

豆知識　免震建築への対応

免震建築は、〔⑯　　　〕で集中的に地震力を吸収させ、建築物への揺れを低減する。そのため地震時には免震層の上部と下部で大きな〔⑰　　　〕が生じる。そこで免震層をまたぐ設備配管には、柔軟性のある〔⑱　　　　〕を採用する。配線については変位以上の〔⑲　　　〕をとる対策を行い、配管・配線の〔⑳　　〕を防ぐ。

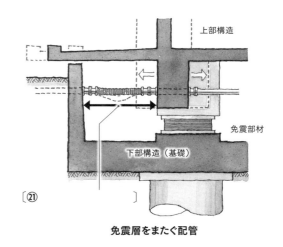

〔㉑　　〕

免震層をまたぐ配管

トピック　ZEB の普及

ZEB（ゼブ：Net Zero Energy Building）とは、快適な〔㉒　　　　〕を保ちながら、エネルギー負荷の抑制、〔㉓　　　　　　〕の利用、高効率設備による省エネルギー化により、年間の1次エネルギー消費量が正味ゼロまたは〔㉔　　　　〕となる建築物である。

語群

熱源機器　再生可能エネルギー　性能　鉄骨　スリーブ　各設備　気密試験　絶縁試験　照明器具　破損　電気設備　免震クリアランス　基準階　平面詳細図　マイナス　ダクト　試運転調整　風量　免震層　変位　室内環境　機械室　鉄筋　給排水　余長　自然エネルギー　可とう性継手　総合図　インサート

Part 2　着工から竣工まで

10 外構・その他工事

学習のポイント

建物本体のほかに、周辺のまちや自然と連続させるために、建物周辺を整備する外構工事があります。雨水などの埋設配管・地下設備の点検マンホール・植栽・歩道・舗装・街灯設置など。通常は外部足場を解体した後の工事の最終段階に行います。本格的に着手する前に本設外構を仮舗装して安定的作業地盤を確保したり、排水管などの埋設工事を先行する場合もあります。

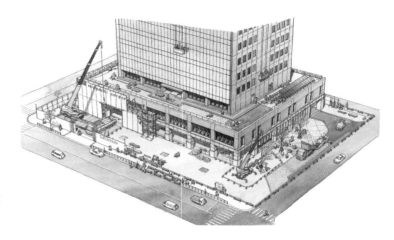

演習問題　外構・その他工事に関する次の文章と図の〔　　〕部分に、次頁の語群の中から最も適当なものを選んで、記述しなさい。

10-1 外構・その他工事

1 屋外排水設備工事

　一般に屋外排水工事には、直接下水道本管に接続し放流する場合と、〔①　　　〕などを設置し、一定の〔②　　　〕を満たしたのちに下水道本管や下水路に放流する場合がある。排水管は放流の流量、流速により管径、材質が決定される。これらの放流経路と管径、埋設深度は〔③　　　〕から十分に検討して〔④　　　〕、仮設物（仮囲い、外部足場、公共配管類）との取合い調整を行う。
　また、雨水は〔⑤　　　〕に溜め、植樹散水、水洗トイレ用水、融雪用水などに再利用している。

2 道路・舗装工事

　道路・舗装工事は、アスファルト、コンクリート、〔⑥　　　〕などで路面を構築する。縁石や側溝の構造や舗装の構成、前面道路と接続する場合の〔⑦　　　〕に留意することが重要である。
　下記の項目に留意し、施工計画を行う。
　（1）ガス、〔⑧　　　〕、電気など関連工事　（2）路盤および〔⑨　　　〕などの構成
　（3）縁石、側溝の仕様　（4）道路高さ（建物入口、周囲の公共道路との高さ関係の把握）

豆知識 道路の構成

舗装工事は、道路の下地となる路体、路床、〔⑩　　　〕の上にアスファルト基層、アスファルト表層がつくられる。

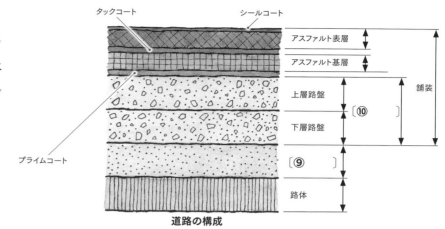

道路の構成

3 植栽工事

植栽工事では、樹木の植樹、それに伴う土の搬入を行う。外構工事の中でも最後に行われる〔⑪　　　〕や上下水道の本設との接続工事と調整を取り、進めていくことが重要である。

樹木の種類によっては、根をしっかり定着させるために〔⑫　　　〕が限定される、竣工までに成長させる必要がある、竣工後の「〔⑬　　　〕」を考慮する、などの場合がある。

トピック 屋上緑化とビオトープ

都市化に伴い、〔⑭　　　〕が減少している。そのためヒートアイランド現象や大気汚染が問題視されている。屋上緑化とビオトープ（生物の生息空間）づくりは、これらの解決策として注目されている。〔⑮　　　〕が向上することにより、〔⑯　　　〕の保存や再生にも貢献できる。

語群

雨水タンク　舗装工事　上下水道　地盤沈下　枯れ保証　緑地面積　水勾配　浄化槽　着工時の段階　高さ　路床　植樹時期　貯水タンク　生態系　屋上緑化率　路盤　インターロッキング　配管の位置　排水基準

Part 2 着工から竣工まで

10 外構・その他工事

学習のポイント

着工以来、数年かけて進められた建設工事も竣工の時を迎えます。ほとんどの工事で、建築主・設計者・利用者・工事の関係者が一堂に集まり、記念の式典が開催されます。工事途中の様々な苦労が吹き飛んでしまうほどの嬉しい瞬間です。建物が建築主に引き渡され、建物の管理責任も工事者から建築主に変更され、建物に対する各種保険も切り替わっていきます。

演習問題 外構・その他工事に関する次の文章の〔　　〕部分に、次頁の語群の中から最も適当なものを選んで、記述しなさい。

10-2 検査・引渡し

1 竣工検査

工事監理者検査

〔①　　　　　　〕が、設計図どおりに建築物ができているかどうかを確認する検査。

消防検査

所轄の消防署職員が、消防法に則って、〔②　　　　　　〕が正常に動作するかどうかを確認する検査。

施工記録書類確認

完了検査

建築主事または指定確認検査機関が、〔③　　　　　　〕に則った建築物として〔④　　　　　　〕の図面どおりに完成しているかどうか、施工中の記録をはじめ各部の仕様や防火・防災設備、昇降・機械式駐車設備を確認する。完了検査に合格することで〔⑤　　　　　　〕が発行されると、建築物の使用が認められる。

> **豆知識** マンションの内覧会

〔⑥　　　　　　　　　〕では、建築主の検査後に〔⑦　　　　　　　　〕である購入者へお披露目を行い、入居する前に満足できるものであるかを確認するといった最終チェックが行われる。

2 建築物の引渡し

取扱い説明会

建築主や建築物の管理者および実際に使う人に対して、設備や〔⑧　　　　　　　〕・保守の方法、注意点を実演を行いながら説明する。

鍵合わせ

建築物の引渡しに間に合うように各戸の〔⑨　　　　〕に適合しているかどうかを確認し、セキュリティ上問題がないようにする。マスターキー、〔⑩　　　　　　　　　〕の確認もしておく。

竣工引渡し

建築主に対して建築物の施工に関する情報をまとめた書類（建築物の〔⑪　　　　　　　　〕など）と鍵を引き渡し、書面の取り交わしを行う。これで新築した建築物が正式に建築主の所有となり、〔⑫　　　　〕が開始される。

3 竣工式

竣工式では、建築主、設計者、〔①　　　　　　〕、ゼネコンや工事関係者が集まり、建築物が無事完成したことを関係者に披露する。協力いただいた方々に感謝の気持ちを表すと共に、〔⑬　　　　　〕と末永い繁栄を祈願するものである。

語群

確認検査済証　保全と管理　近隣挨拶　分譲マンション　消防用設備　グランドマスターキー　扉の鍵
建築物の堅牢　確認申請　エンドユーザー　施工管理技術者　工事監理者　装置の操作　工事監理者
神仏　維持保全の手引き　スペアキー　建築基準法

バリアフリー？この建物は全てセット済みだよ

装置のダンパー異状なし！

ウッドデッキささくれていないか？

シールの打ち替えでビルが長持ちだ

ついでにタイルの具合もハイ！入れ

改修資材がガツンと当たったようで…

ウァー何に当たったー？

あーお蔭様でビルの使い心地は？ところですが

Part 3
維持・保全・改修工事

Part 3　維持・保全・改修工事

維持・保全・改修工事

学習のポイント

建築物は数十年使われます。その間、仕上げ材や設備機器の劣化に対して適切な保全が必要となります。また、利用方法に合わせた間取りの変更や最新の技術的知見に合わせた改修が必要になることもあります。適切な保全と改修を実施することで建築物を長く使うことは経済的であり、持続可能な社会の実現の面でも重要です。一般的に、初期投資である建設費に比べて、維持・保全・改修に掛かるコストは数倍に及びます。

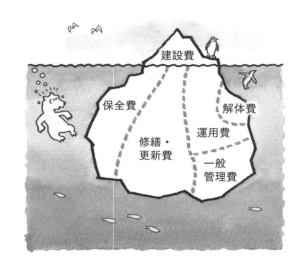

演習問題　維持・保全・改修工事に関する次の文章の〔　　　〕部分に、次頁の語群の中から最も適当なものを選んで、記述しなさい。

1　点検・保守

建物診断・耐震診断

建物診断

〔①　　　　　〕とは、建築物の調査を行い、不具合の是正方法の検討や評価、〔②　　　　　〕の技術性能の評価を行うことである。

建築物は、〔③　　　　　〕を行ったとしても時間の経過と共に劣化する。〔④　　　〕は、単なる汚れ・傷から設備機械の〔⑤　　　　　〕まで建物に様々な形で生じる。例えば、ある日突然受電設備が機能しなくなることもあるため、定期的な建物診断が必要となる。いわば人の健康診断と同じであり、定期的に診断することで劣化状況の把握ができ、〔⑥　　　　　〕が可能となる。

耐震診断

既存の建築物の〔⑦　　　　　〕を調べ、想定される地震に対する安全性（〔⑧　　　〕）、ひび割れや変形による損傷や障害を受ける被害の程度を判断する。この診断に基づき、必要に応じて〔⑨　　　　　〕を行う。

2 修理・修繕・更新

建物機能維持・向上

建築物は、時間が経過するにつれて〔⑩　　　　　〕してくるため、定期的に修理・修繕を行いながら〔⑪　　　　　〕する。ただし、15〜20年程度経過してくると、〔⑫　　　　　〕では対応できない不具合が発生してくることが多いため、機器自体を新しいものに入れ換えて更新する。時間が経過するうちに、自然に〔⑬　　　　　〕たり、特に衝撃を加えなくても一部〔⑭　　　　　〕になったりで、〔⑮　　　　　〕・構造的な変化により製品の品質・性能が低下する。こういった劣化した部品・機器の修繕、設備機器の性能・機能の点検・補修を〔⑯　　　　　〕に行い、適切な状態にすることが建物を長く使うために必要となる。

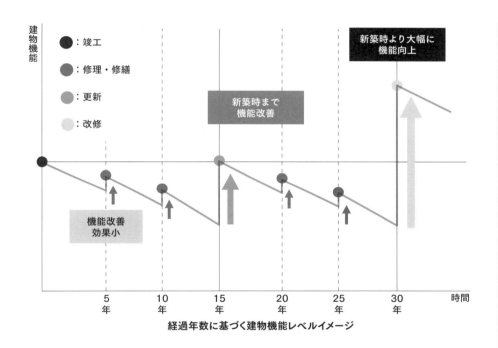

経過年数に基づく建物機能レベルイメージ

● **修理**
機器、建物の壊れたところや傷んだところを直すこと。

● **修繕**
劣化した部位を初期の状態、または実用上支障のない状態まで回復させること。

● **更新**
建築物や機器などで古くなって使用に支障をきたすものを廃棄し、代わりに新しいものを設置すること。

● **改修**
劣化、陳腐化した建築物またはその部分の性能や機能を初期の水準かそれ以上の要求される水準まで改善すること。

語群

定期的　色褪せ　機能が低下　予防保全　許容耐力　十分な保全　使用状況　修理・修繕　機能低下　物理的　耐震性　劣化　化学的　建築物の寿命　機能が不能　構造強度　機能を維持　耐震補強工法　建物診断　耐震補強工事

Part 3　維持・保全・改修工事

演習問題　維持・保全・改修工事に関する次の文章の〔　　〕部分に、次頁の語群の中から最も適当なものを選んで、記述しなさい。

3　改修工事

1　耐震改修工事

目的

　原則として、1981年施行の〔①　　　　　　　〕以前に建てられた建築物で、耐震性能の見直しを行っていく必要があると判断された場合は、〔②　　　　　　　〕に基づく耐震診断により、必要な耐震補強工事を行わなければならない。耐震改修後の建築物を調和のとれた状態とするには、外観デザインや室内プランへの影響の検討が必要になる。また、〔③　　　　〕に価値の高い建築物に対しては、貴重な内外装を変えることなく〔④　　　　　〕を上げることを求められる場合が多い（保存工事）。

構造体の耐震改修

靭性を上げる（ねばり強くする）方法：柱・梁を補強する。

シート工法（炭素繊維巻付け工法）

　〔⑤　　　　　　〕を〔⑥　　　　　　〕を含浸させながら柱の周囲に巻き付けることにより、〔⑦　　　　　〕を増大させる補強工法。

鋼板巻立て工法

　いくつかに分割した〔⑧　　　　　〕を巻く工法。鋼板相互を溶接接合し、部材と鋼板の隙間に〔⑨　　　　〕を圧入、もしくは流し込んで一体化する。

RC巻立て工法

　〔⑩　　　　　〕で柱を巻き立てる工法。鉄筋を用いる工法と〔⑪　　　　　〕を用いる工法とがある。コンクリートの打込み高さ1m程度ごとに十分な締固めを行う。

シート工法（炭素繊維巻付け工法）

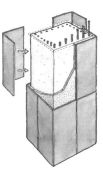

鋼板巻立て工法

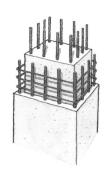

RC巻立て工法

地震力を逃がす方法：免震装置を躯体に組み込む（免震レトロフィット）

既存建築物の基礎や中間階に〔⑫　　　　　〕を設置し、建築物の外観や内観を損なうことなく〔⑬　　　　　〕にする方法。上部構造を大幅に耐震改修することなく、〔⑭　　　　　〕の工事が可能である。

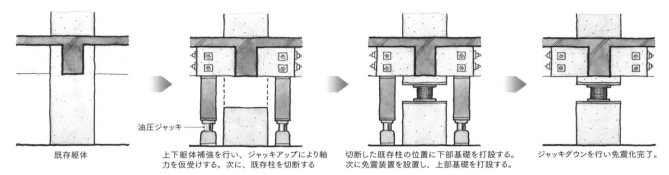

免震レトロフィット工事の進め方

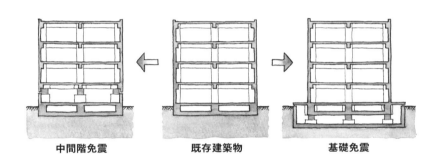

天井の耐震改修（特定天井）

2014年に、体育館やホールなどの大規模な〔⑮　　　　　〕（高さ〔⑯　　〕m超、面積〔⑰　　〕㎡超・質量〔⑱　　〕kg/㎡超の特定天井）に対して、天井脱落対策にかかわる法律が定められ、対象となる天井では基準に沿って耐震ブレースの設置や壁との〔⑲　　　　　〕（空間）の確保など、決められた耐震構造を取らなければならない（国土交通省告示第771号）。

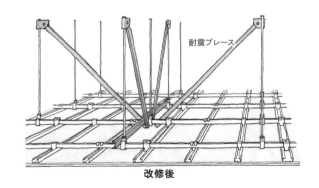

改修後

語群

6　免震装置　角形鋼板　10　居ながら　クリアランス　2　歴史的　耐震性能　200　炭素繊維シート　吊り天井　無収縮モルタル　免震建築　溶接金網　柱の曲げ耐力　5　エポキシ樹脂　耐震改修促進法　100　柱のせん断耐力　新耐震設計基準　鉄筋コンクリート

Part 3 維持・保全・改修工事

3 改修工事

2 防水改修工事

建築物の屋上やバルコニーの防水層は、強い日差しや〔① 　　　〕を受け、〔② 　　　〕していく。劣化の程度により改修方法を選択する。劣化が比較的軽い場合には、既存の防水層に新たな防水層をかぶせる方法を選択できる。このかぶせ工法は、既存の防水層を撤去する必要がないので、居住者への〔③ 　　　〕の影響が少ない。

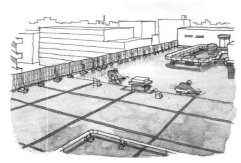

かぶせ工法
（保護アスファルト防水の上に塗膜防水）

3 外壁改修工事

コンクリート打放し仕上げ・セメントモルタル塗仕上げ

ひび割れ幅に応じて改修方法を選択する。ひび割れ幅は〔④ 　　　〕などを用いて計測する。また、鉄筋やアンカー筋が〔⑤ 　　　〕露出している場合は、健全部が露出するまでコンクリートを除去し、錆の除去・鉄筋への〔⑥ 　　　〕の塗布を行った後に補修材を用いて仕上げる。

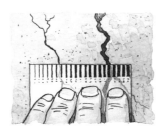

クラックスケール

タイル張り仕上げ

タイルの浮きは、注入口付き〔⑦ 　　　〕エポキシ樹脂注入タイル固定工法により補修可能である。

また、接着力が不十分になった外壁タイルが広範囲にわたっている場合には、タイル面全体を覆う繊維ネットとアンカーピンを併用した〔⑧ 　　　〕が適用される。

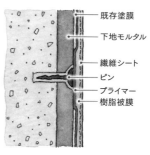

【施工手順】
①ドリル削孔・孔清掃
②ピン挿入・固定
③プライマー塗布
④繊維シート・樹脂被膜形成

既存塗膜
下地モルタル
繊維シート
ピン
プライマー
樹脂被膜

ピンネット工法

タイルの浮きは打診法、あるいは〔⑨　　　　　〕により診断することができる。打診法は、〔⑩　　　　　〕による打撃音の違いから浮きを診断する方法、赤外線装置法は、健全部と浮き部分の〔⑪　　　　　〕の違いから、浮きの位置を探索する方法である。

4 設備改修工事

個々の設備機器の取替えは容易に行われるが、各階へ接続するための〔⑫　　　　　〕の交換は、至難であり大がかりな改修作業になる。また、建築物を使用しながら改修する場合には、立て配管を新しく設置した後、既存の立て配管を撤去する手順になる。このとき、〔⑬　　　　　〕内はスペースが狭いため、新しい立て配管が外部に設けられることが多い。

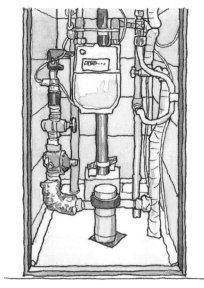

既存建築物の
パイプシャフト

トピック コンバージョン

既存のオフィスビルや商業施設、倉庫などを〔⑭　　　　　〕する手法。海外では宮殿から美術館へ、工場・倉庫から集合住宅へコンバージョンした例がある。日本では、建築物の構造の〔⑮　　　　　〕などからスクラップ＆ビルドが行われており、既存建築物のストックの用途変更を行う発想や事例が少なかった。

セレクシーズ書店 聖ドミニカ教会店（オランダ）
教会を書店にコンバージョンした例

語群

劣化　クラックスケール　パイプシャフト　耐久性　用途変更　熱伝導率　防錆剤　騒音・振動　立て配管
雨風　赤外線装置法　テストハンマー　耐用年数　錆びて　配管スペース　ピンネット工法　横引き配管
アンカーピンニング

Part 4
解体工事

Part 4 解体工事

解体工事

学習のポイント

長きにわたり使用してきた建物も、いつかは建替えの時期を迎えます。また、建築的な寿命の前でも、都市の再生のために解体されることは多くあり、騒音・振動・埃の発生防止など、周辺環境に影響を与えずに建物を安全に効率良く解体する技術が必要となります。古い建物では、近年は使用禁止となっている有害な建材が使われている場合もあるので、事前調査と適切な工事計画が重要となります。都心では、より周辺環境に配慮した工法が求められ、切断工法や全面閉鎖工法が採用されることもあります。

演習問題 解体工事に関する次の文章の〔　　〕部分に、次頁の語群の中から最も適当なものを選んで、記述しなさい。

解体工事

1 事前調査

古い建築物では、当初の設計図や施工図がないことが多く、構造や躯体の強度が不明な場合がある。また、〔①　　　　　〕などの〔②　　　　　〕が建材に含まれていることもある。

解体された廃材は、分別し適切な処分をすることが義務付けられており、〔③　　　　　〕に関する計画が必要である。また、近隣周辺の環境状況によっても工事の制限を受けることがある。このようなことから、安全で環境に配慮した解体工事を行うため、事前にしっかり〔④　　　　〕を行うことが必要である。

アスベストの調査・撤去

内装解体

2 躯体の解体

鉄骨造の解体

〔⑤　　　　　　　〕のアタッチメントを装着した重機による解体が行われることが多い。また、〔⑥　　　　　　　〕による手作業で解体も行う。鉄骨切断機には、切断部分をプレスして薄く延ばしてから切断するプレスアンドカット方式と、切断部分をそのまま切断するノープレス方式がある。

鉄骨切断機

鉄筋コンクリート造の解体

圧砕工法（油圧圧砕機）

重機に装着した〔⑦　　　　〕により、鉄筋コンクリートを〔⑧　　　　　　〕する工法。作業効率が良く、一般的な工法で騒音も比較的少ない。

油圧圧砕機

ワイヤーソー工法

〔⑨　　　　　　　〕を埋め込んだ〔⑩　　　　　　〕を被切断面に環状に巻き付け、〔⑪　　　　　　〕させることにより切断する工法。大断面の切断ができ、大型の地下構造物の解体に適しており、〔⑫　　　　　　〕は小さい。冷却水を使用する湿式工法が一般的である。

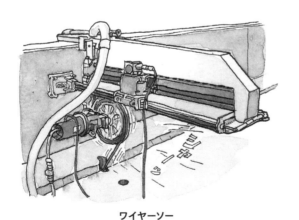

ワイヤーソー

ハンドクラッシャー

語群

有害物質　砕いて解体　圧砕機　ダイヤモンド　ガス溶断器　騒音・振動　調査　鉄骨切断機　チェーン　圧縮機　アスベスト　建設副産物対策　計画　ワイヤー　高速回転　低速回転

Part 4 解体工事

解体工事

地下構造物の解体

地下構造物の解体は深度や地盤状況に応じて、〔①　　　　〕が必要になる場合がある。

都市部の建築物の建替えでは既存躯体の解体工事から始まることが多いため、解体用の山留めを〔②　　　　〕の際にも利用することがある。

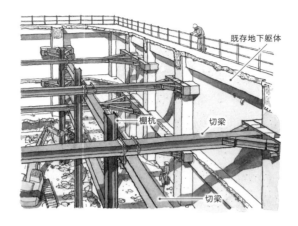

既存地下躯体の利用

既存地下外壁躯体を、新築工事の際の山留め壁として利用する場合は、既存部分の〔③　　　　〕の評価や、建物上部解体による地下躯体の浮き上がりの有無の検討が必要であり、設計段階から計画を行うことが重要である。

地中障害撤去工法

〔④　　　　〕付きの〔⑤　　　　〕を押し込みながら、ケーシングチューブ内の地中障害や鉄筋コンクリート塊を撤去する工法。新設杭や新築工事用の山留め壁に〔⑥　　　　〕土中にある既存躯体の解体を行う。

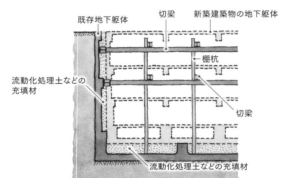

既存地下躯体の山留め利用の例

杭の引抜き

地中に既存杭がある場合は、既存杭の引抜き工事が行われる。既存杭の外周を〔⑦　　　　〕で削孔して杭周面の〔⑧　　　　〕を解放し、ケーシングを引き上げた後に、地中の既存杭にワイヤーロープを取り付け、クローラークレーンまたは本体重機で引き抜く。

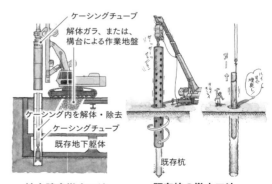

地中障害撤去工法　　**既存杭の撤去工法**

3 解体材の分別

解体工事によって発生した〔⑨　　　　　〕は〔⑩　　　　　〕することが求められており、特に発生量の多いコンクリートや木材などは〔⑪　　　　　　　　〕により特定建設資材廃棄物に指定され、〔⑫　　　　　〕が義務付けられている。また、特定建設資材以外に発生した産業廃棄物については、〔⑬　　　　　〕に基づき、適切な処理を行う必要がある。

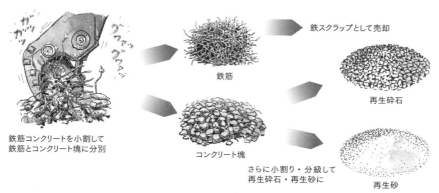

コンクリートの再資源化の流れ

4 周辺環境への配慮と仮設備

養生足場

外部足場に〔⑭　　　　　〕や防音シートを張ることで、騒音や外部へのコンクリート片の飛散の防止をしている。また、最上部より2段以上足場をせり上げることでより〔⑮　　　　　〕などの効果を高めることができる。

散水設備

散水、水噴霧により〔⑯　　　　〕することで粉塵の飛散防止をする。

騒音規制法および振動規制法

ブレーカー作業など著しい騒音・振動が発生する作業は〔⑰　　　　　〕として定められている。これらの作業は、あらかじめ届出が必要で、敷地境界線上で騒音は〔⑱　　　〕dB以下、振動は〔⑲　　　〕dB以下にしなければならない。

低騒音・低振動型の重機の使用や防音設備の検討を行う。

語群

再資源化　95　防音シート　構造体強度　干渉する　防音パネル　超硬ビット　摩擦抵抗　ケーシング　騒音防止　特定建設作業　65　湿潤化　指定建設業　ケーシングチューブ　新築工事　山留め　分別　85　建設副産物　建設リサイクル法　廃棄物処理法　75

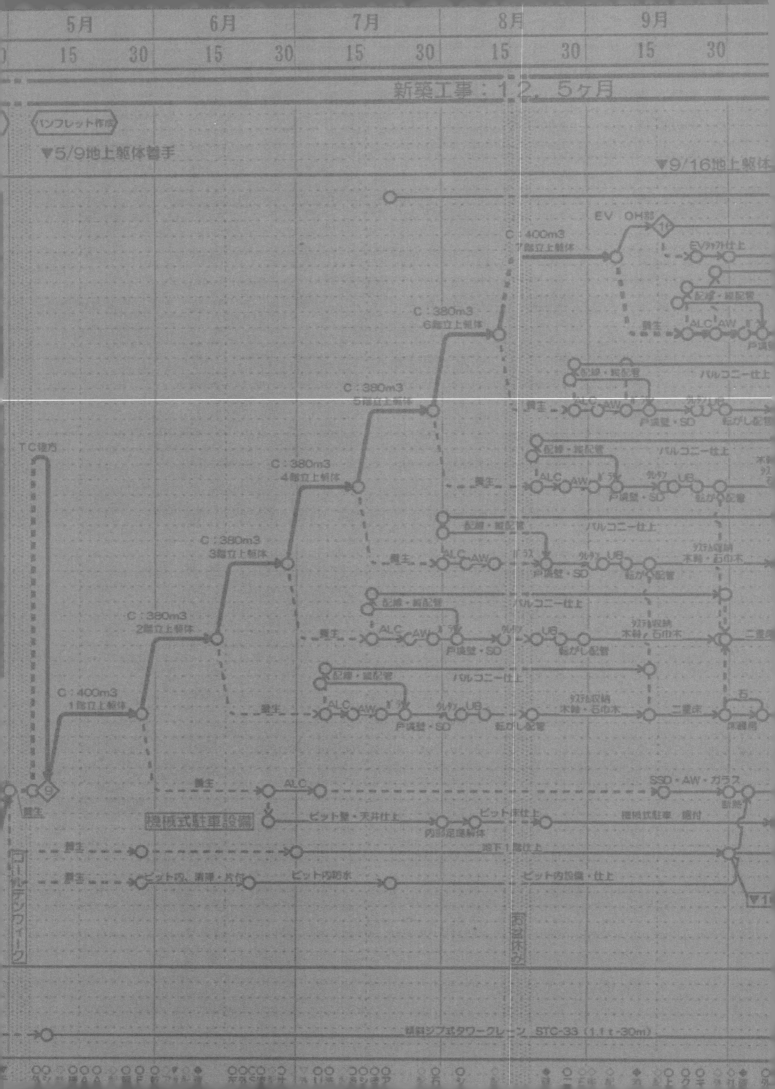

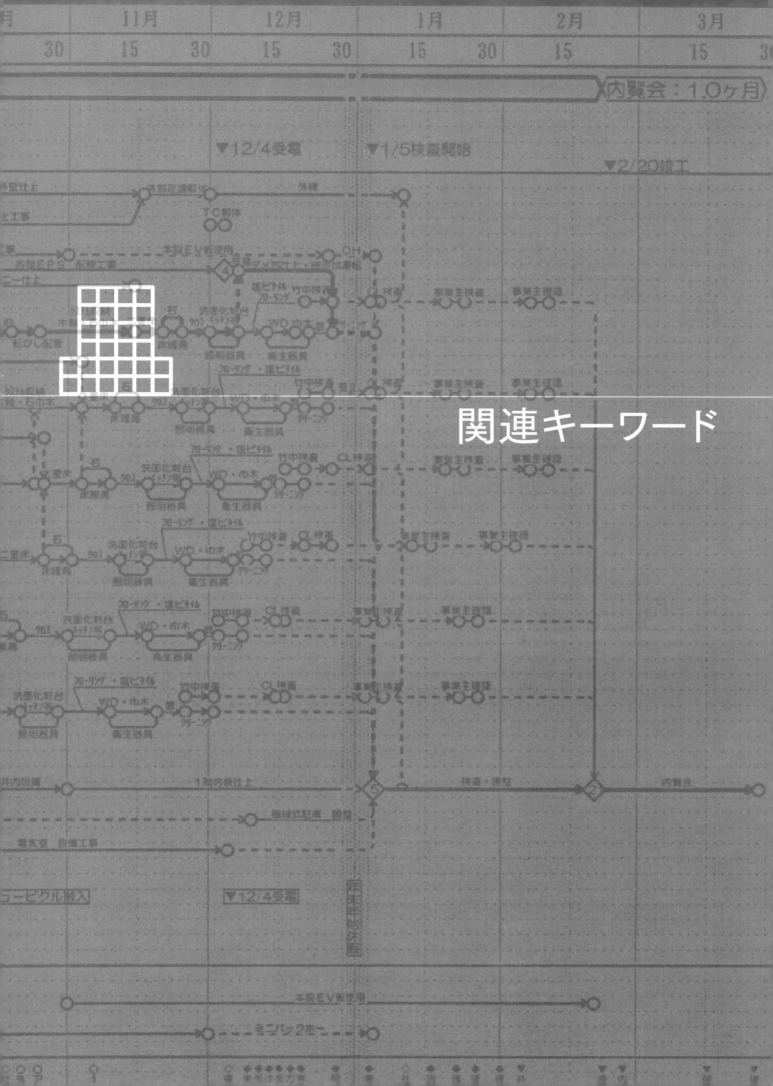

関連キーワード

関連キーワード

> **学習のポイント**
>
> ここでは、建築生産のしくみを知る上で、最も重要かつ必要な専門用語を取り上げてその内容を確認し、さらに理解を深めることを目的としています。ここで取り上げたものは、建築に関係する仕事をする上で、また建設業のしくみを知る上で必要なものばかりです。しっかりと内容を理解・習得し、建設の仕事や国家資格の取得に役立ててください。

演習問題 関連キーワードに関する次の文章の〔　　　〕部分に、次頁の語群の中から最も適当なものを選んで、記述しなさい。

建築生産のしくみ

現場代理人

工事を請け負う経営者の〔①　　　〕であり、現場に〔②　　　〕し、現場運営、取締りおよび契約関係の〔③　　　〕を処理する。なお、〔④　　　〕との〔⑤　　　〕は可能とされている。

監理技術者

建築工事における、技術上の〔⑥　　　〕をつかさどる者。工事施工に従事する者の技術上の〔⑦　　　〕を行い、設計図書どおりに適正に施工されているかを確認する。監理技術者の配置にあたっては、建築主（発注者）から直接建設工事を請け負った元請工事業者は、その工事を施工するために締結した下請負代金の総額が税込で〔⑧　　　〕万円（建築一式工事で〔⑨　　　〕万円）以上となる場合は、主任技術者に代えて〔⑩　　　〕を置かなければならない。なお、下請負代金の総額が税込で〔⑪　　　〕万円（建築一式工事で〔⑫　　　〕万円）以上の場合、監理技術者は〔⑬　　　〕でなければならない。

主任技術者

工事現場ごとに配置される、施工の技術上の管理をつかさどる者のことで、請け負った範囲の施工計画の作成、工程管理、品質管理を行うと共に、作業員の配置等法令遵守の確認や現場作業に係る実地の技術指導を行う。

建設業の許可を受けた建設業者が請け負った工事を施工する場合、〔⑭　　　　　〕の大小や〔⑮　　　　　〕にかかわらず、〔⑯　　　　　〕に必ず配置されなければならない。

ただし、軽微な建設工事（建築一式工事以外の建設工事では、工事1件の請負代金の額が〔⑰　　　〕万円未満の工事）のみを請け負って営業する場合には、必ずしも建設業の許可を受けなくてもよいこととされており、その場合は〔⑱　　　　　〕の配置も〔⑲　　　　　〕となる。

請負契約

〔⑳　　　　　〕（発注者）は、設計図書が完成すると、〔㉑　　　　　〕（受注者）を選定し、相互に契約を結ぶ。これを〔㉒　　　　　〕という。

安全施工サイクル

工事現場において、〔㉓　　　　　〕を的確に実施するため、毎日、毎週、毎月における基本的な実施事項を定型化し継続的に実施する活動で、建設業労働災害防止協会がその実施を運動として提唱しているもの。毎日の実施事項は〔㉔　　　　　〕、安全ミーティング、作業開始前点検、作業所長巡視、作業中の指導・監督、安全工程打合せ、持ち場後片付け、終業時の確認となっている。毎週、毎月の〔㉕　　　　　〕も同じように実施事項が定められている。

危険予知活動（KYK）

作業開始前の打合せやミーティングにおいて、作業の〔㉖　　　　　〕を行って、作業改善や安全を検討し合い、〔㉗　　　　　〕をなくそうという活動。

新規入場者教育

〔㉘　　　　　〕が、現場に新しく入場してきたサブコンの技能労働者に対して、体調や〔㉙　　　　　〕の確認を行うと共に、その作業所のルールなどをしっかりと伝達すること。

語群

安全確認　常駐　サイクル　現場ごと　危険予測　労働災害　4,000　施工者　実務　工事請負契約
元請・下請　安全朝礼　専任　安全管理活動　兼務　請負金額　工事金額　建築主　500　監理技術者
施工管理技術者　指導監督　健康状態　設計者　品質施工打合せ　5,000　管理　手順　主任技術者
7,000　300　不要　監理技術者　6,000　事故　品質管理活動　3,500　代理人

関連キーワード

演習問題 関連キーワードに関する次の文章と表の〔　　〕部分に、次頁の語群の中から最も適当なものを選んで、記述しなさい。

建築生産のしくみ

ネットワーク工程表

矢線と丸印によって組み立てられた網状の図をいい、この網状図によって、作業の〔①　　〕を正確に分かりやすく表現できるものである。アロー型は、各矢線が〔②　　〕を表し、丸印は作業の〔③　　〕または〔④　　〕を表す。各作業の相互関連、〔⑤　　〕、全体工期への影響などを明確に把握できるので、管理の〔⑥　　〕で計画や条件の変更があっても即応が可能で、問題が複雑化しても簡単に分析ができる。

クリティカルパス

ネットワーク工程表の中で、すべての経路のうち最も〔⑦　　〕日数を要する経路のことで、開始から完成までの日数を左右する一連の作業経路である。このクリティカルパスを重点的に管理することが〔⑧　　〕において重要であり、その経路の作業が遅れると、何らかの対策を立てなければ竣工が遅れてしまう。

バーチャート工程表

〔⑨　　〕ともいわれ、工事ごとの工事期間を時間単位長さに合わせて〔⑩　　〕で示し、工事の〔⑪　　〕を表示する工程表である。

総合図

建築（意匠・構造）、設備その他設計図書に分散して盛り込まれている設計情報や関連情報を一元化して検討する、関係者全体が〔⑫　　〕するためのツール。各種建築・〔⑬　　〕などの取付け位置と寸法を入れて表記した図面。

準備工事

地盤調査

工事現場で直接地盤の性質について〔⑭　　　　　〕すること。ビルなどの規模の比較的大きな建築物の調査に用いられる〔⑮　　　　　〕や、戸建て住宅など軽量の建築物の調査に用いられる〔⑯　　　　　〕などがある。

標準貫入試験

ボーリングによって孔を掘削し、〔⑰　〕mごとに地盤の硬さを測定する調査。通常は、土のサンプル採取も同時に行う。標準貫入試験によって得られるデータを〔⑱　　　　〕と呼び、〔⑲　　　　　〕を表す。63.5kgの錘を76.1cmの高さから自由落下させ、標準貫入試験用サンプラーを土中に〔⑳　　　〕cm貫入させるのに要する〔㉑　　　　　〕を測定する試験で、このときの打撃回数がN値である。N値で、一般に〔㉒　　〕以上の値があればその地盤を〔㉓　　　　　〕とする。

土質（礫、砂、シルト、粘土）

土の分類

粒径による分類	礫			砂		シルト	粘土
	粗礫	中礫	細礫	粗砂	細砂		
粒子の直径（mm）	75〜20	20〜5.0	5.0〜〔㉔　　〕	〔㉔　〕〜0.42	0.42〜0.075	0.075〜0.005	〔㉕　　〕以下

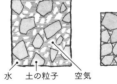

水　土の粒子　空気　　砂　　シルト　　粘土

土の構成

語群

長い　順序　余裕時間　作業　支持地盤　標準貫入試験用サンプラー　スウェーデン式サウンディング試験　30　実施段階　0.005　1　後先　横線工程表　2.0　打撃回数　0.5　短い　40　50　計画段階　終了　横棒　地盤の堅さ　60　縦棒　地盤の柔らかさ　標準貫入試験　試験・調査　N値　合意形成　工程管理　開始　設備機器　3.0

関連キーワード

演習問題 関連キーワードに関する次の文章の〔　　〕部分に、次頁の語群の中から最も適当なものを選んで、記述しなさい。

準備工事

洪積層と沖積層

洪積層：約〔①　　〕万年前〜〔②　　〕万年前の堆積物によって構成される地層で、強固で良好な地盤が多く建築物を支持するのに適している。

沖積層：〔②　　〕〜〔③　　〕万年前以降に堆積した比較的新しい時代の地層で、軟弱な地盤である。

建設工事計画届

高さが〔④　　〕mを超える建築物の建設、改造、解体や掘削深さが〔⑤　　〕m以上の掘削を行う場合、事前にその計画内容を所轄〔⑥　　〕に届け出ることが労働安全衛生法第88条第4項で義務付けられている。この届出を建設工事計画届という。また、〔⑦　　〕や仮設通路、〔⑧　　〕においても同様に組立て前の届出（機械等設置届という）が労働安全衛生法第88条第2項で義務付けられており、建設工事計画届と合わせて、一般に「〔⑨　　〕」と呼ばれている。

仮設工事

総合仮設計画図

工事を行う際に必要となる敷地内の〔⑩　　〕・仮設建築物・足場などの安全設備や作業動線、〔⑪　　〕の配置などを図面に記載し、建築物全体と仮設物の関係を示したもの。

共通仮設工事

工事着工から完成までの間に共通で使われる仮設工事で、直接仮設工事以外のもののことである。
仮囲い、〔⑫　　〕、仮設電気、仮設水道、工事用道路などがそれにあたる。

直接仮設工事

各工事を行うために直接使われる仮設工事のことである。〔⑬　　　　　〕（昇降設備、構台など）が主なもので、（測量）、〔⑭　　　　〕も含まれる。

遣方

建築工事の着手に先立って、柱芯などの基準となる〔⑮　　　　　〕を示すために設ける仮設物。遣方杭、水貫、水糸を使用する。

ベンチマーク

建築物の高さや〔⑯　　　　〕の基準となるもの。木杭を地面に打ち込んで動かないよう〔⑰　　　　〕したものや電柱など移動のおそれのない既存の工作物に〔⑱　　　　〕を記すのが一般的である。〔③　　〕ヵ所以上設け、相互にチェックを行う。

工事用電気設備

工事に必要なタワークレーン、〔⑲　　　　　〕、作業用照明などに電力を供給する設備で、電力会社の高圧架空配電線から高圧線で工事現場内に設置した受変電設備（〔⑳　　　　　〕）に引き込んで使用するのが一般的である。工事の規模、使用予定の電気機器の容量から必要な〔㉑　　　〕を想定し、〔㉒　　　　〕を決定する。

語群

水平位置　労働基準監督署長　垂直位置　型枠支保工　電気機械工具　2ヵ所　電力　3　1　300
仮囲い　電気料金　200　88条申請　墨出し　作業用足場　2　養生　5　仮設工事事務所　受電容量
基準点　31　キュービクル　揚重機　足場の組立て　20　位置　10

関連キーワード

演習問題 関連キーワードに関する次の文章の〔　　〕部分に、次頁の語群の中から最も適当なものを選んで、記述しなさい。

山留め工事

ボイリング

掘削工事時のトラブルとなる〔①　　　　〕の破壊現象の1つ。地下水位の高い〔②　　　　〕を掘削する際、掘削面との水位の差から、砂の中を上向きに流れる〔③　　　　〕の浸透流により、砂粒子が掘削底面に〔④　　　　〕現象。防止するためには、山留め壁の〔⑤　　　　〕（地中への埋込み）を深くするか、山留め壁背面の〔⑥　　　　〕を下げる必要がある。

ヒービング

掘削工事時のトラブルとなる〔①　　　　〕の破壊現象の1つ。軟弱な〔⑦　　　　〕を掘削する際、山留め壁の背面地盤土の回込みにより、掘削底面が〔⑧　　　　〕現象。山留め壁が大きく移動したり、山留め壁の背面地盤が沈下したりする。防止するためには、山留め壁の〔⑤　　　　〕を深くするなどの対策が必要。

盤ぶくれ

掘削工事時のトラブルとなる〔①　　　　〕の破壊現象の1つ。地盤を掘削する際、根切り底面下にある透水性の低い〔⑦　　　　〕下の被圧〔③　　　　〕の〔⑨　　　　〕圧力により、掘削底面が〔⑩　　　　〕（ふくれ上がる）現象。対策としては、上向き圧力を下げるべく、被圧地下水の〔⑪　　　　〕が一般的である。

ケーソン工法

地上で構築して設置したケーソン（〔⑫　　　　〕）の下部を掘削しながら徐々にケーソンを沈下させ、支持層まで到達した後にケーソン本体を〔⑬　　　　〕とするものである。現在、建築工事ではほとんど見られない。土木工事では海洋建築などで見られる。〔⑭　　　　〕ともいう。

杭工事

オールケーシング工法（〔⑮　　　〕）

〔⑯　　　　　〕の施工方法の1つ。アースドリル工法と異なり、杭全長に〔⑰　　　〕を使用することで、孔壁の〔⑱　　　〕がなく、確実な〔⑲　　　〕形状を確保しやすい。

孔壁測定

直接目視確認ができない孔壁を〔⑳　　　〕で測定し、杭径、孔の鉛直度、拡底部の〔㉑　　　〕を確認する。

中掘り工法

既製杭の〔㉒　　　〕の1つ。〔㉓　　　　〕を既製杭の〔㉔　　　〕に通し、杭先端地盤をオーガーで掘削しながら所定の深さまで〔㉕　　　〕あるいは打撃（軽打）により貫入させた後、所定の支持力が得られるように〔㉖　　　〕で打ち込むか、支持地盤中に〔㉗　　　〕を注入して杭と〔㉘　　　〕するものである。

静的破砕工法

場所打ちコンクリート杭の〔㉙　　　〕工法の1つ。〔㉚　　　〕作業での杭頭処理が一般的であるが、周辺の〔㉛　　　〕を低減するために採用することがある。

鉄筋かごにあらかじめ破砕目的に応じた〔㉜　　　〕系の静的破砕剤をセットし、コンクリートを打設する。打設後、破砕剤は杭孔内の安定溶液中の水分やコンクリート中の余剰水と反応し、緩やかに〔㉝　　　〕圧が発現する。この膨張圧によって硬化後の余盛りコンクリートに所定の〔㉞　　　〕を発生させる。根切り完了後にはクレーンなどの重機を使用して、〔㉟　　　〕のコンクリートを撤去する。

語群

上向き　一体化　ベノト工法　場所打ちコンクリート杭　上水　地下水　掘削底面　地下水位　崩壊
ケーシング　構造躯体　スパイラルオーガー　杭断面　圧入　沈下する　セメントミルク　根入れ　中空部
揚水　クラック　砂質地盤　斫り　膨張　粘性土地盤　持ち上げられる　余盛り部分　下向き　超音波
沸き上がってくる　杭頭処理　分離　せっこう　埋込み工法　ふくれ上がる　潜函工法　油圧ハンマー　砂
逆打工法　直径　騒音　基礎構造物　振動

関連キーワード

演習問題 関連キーワードに関する次の文章と表の〔　　〕部分に、次頁の語群の中から最も適当なものを選んで、記述しなさい。

杭工事

GPS杭芯確認システム

観測したい位置に〔①　　　　〕を設置すると、瞬時にその地点の〔②　　　　〕を算出し、車載モニターに表示するもの。

土工事

土の過積載

掘削土の単位体積重量の目安（t/m³）

土質名	単位体積重量	土質名	単位体積重量
粘土	〔③　　　〕	ローム	1.3
砂	〔④　　　〕	シルト	1.6

ウェルポイント工法

排水工法の1つで、〔⑤　　　　〕と呼ばれる長さ70cm程度の〔⑥　　　〕にライザーパイプを取り付けて、〔⑦　　〕～〔⑧　　〕m程度の間隔で地中に設置し、〔⑨　　　　〕によって〔⑩　　　〕する。比較的〔⑪　　　〕掘削で用いられる。

リチャージ工法

土工事において、汲み上げた〔⑫　　　〕の〔⑬　　　〕確保や下水道への排水削減のため、〔⑭　　　　〕などによって揚水した地下水を再び〔⑮　　　〕に戻すもの。
揚水により低下した周辺の地下水位を〔⑯　　　〕させる効果もある。

埋戻し・転圧

オープンカット工法などで掘削した際、〔⑰　　　〕が完成した後、建築物周囲を〔⑱　〕で埋め戻すことが必要となる。埋戻しを行う際、工事中や竣工後の地盤の〔⑲　　〕を防ぐため、約〔⑳　　〕cmごとに〔㉑　　〕やランマなどの機械による〔㉒　　〕を行い、土を〔㉓　　〕。〔㉔　　　〕（残土に水・セメントを混ぜてつくる埋戻し材）を用いる場合もある。

型枠工事

せき板

流し込まれたコンクリートを直に受ける型枠。材料は型枠用合板（〔㉕　　　　〕）が多い。

型枠支保工

工事途中において、型枠を〔㉖　　〕・固定するための〔㉗　　〕であり、コンクリートや鉄筋の荷重を支える仮設部材のこと。一般的に〔㉘　　　　〕が使われる。パイプサポートは原則として〔㉙　〕本以上継いで使用してはならない。

締付け金物

型枠を両側から締め付ける金物で、コンクリート打設時に梁や壁の幅を正確に保持するための金物。関東方面では丸パイプと〔㉚　　　　〕と呼ばれる金物が用いられ、関西方面では、角パイプと〔㉛　　　〕が用いられている。

語群

パイプサポート　隆起　3　30　4　1.5　フォームタイ　50　吸水管　2.5　支柱　コンクリートパネル　支持　土　GPSアンテナ　水締め　くさび金物　地下水　座標値　やわらかくする　0.7　セメントミルク　地中　流動化処理土　転圧　2　深い　1.1　地上　地下躯体　真空ポンプ　回復　締め固める　排水　ウェルポイント　0.5　浅い　沈下　ディープウェル　1.8　放流先

関連キーワード

演習問題 関連キーワードに関する次の文章と図の〔　　〕部分に、次頁の語群の中から最も適当なものを選んで、記述しなさい。

型枠工事

セパレーター

セパともいう。梁や壁のように向かい合う2枚のせき板で構成される型枠の〔①　　〕を正確に保持し、〔②　　〕に耐える部材。コンクリート面の仕上げに応じて、様々な種類がある。

丸セパ〔③　　〕　　　　　　丸セパ〔⑤　　〕

丸セパ〔④　　〕　　　　　　カップセパレーター

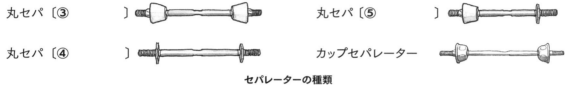

セパレーターの種類

型枠加工図

躯体図（〔⑥　　　　　　　〕）に基づいて作成される、型枠を加工する際に用いられる図面。型枠加工図は型枠大工が作図することが多く、加工図では材料の〔⑦　　〕や作業性を考慮して、できるだけ〔⑧　　　　〕が使えるように計画する。また、〔⑨　　〕が容易にできるように〔⑩　　〕も考慮して計画する。

通り芯

建築物の〔⑪　　〕や壁の〔⑫　　〕を通して設定する〔⑬　　〕もしくは中心線のこと。

地墨

捨てコンクリートや基礎・スラブ面などに、柱や間仕切り壁の立つ〔⑭　　　　〕などを示す〔⑮　　〕となる、芯墨や〔⑯　　〕の総称。地盤の上には墨が打てないので、遣方を設けて柱や壁などの位置関係を示す。その後、〔⑰　　〕の墨に従って、地盤の上に〔⑱　　〕を打って、垂直に立つ部材を配置していく。

設計基準強度

構造物の設計時における基準となるコンクリートの強度。一般には材齢〔⑲　　〕日の圧縮強度を設計の基準とする。18、〔⑳　　〕、24、27、30、33、〔㉑　　〕N/mm²の7種類を標準とする。設計基準強度と耐久設計基準強度のうち、大きい方の値を品質基準強度とする。

PC工法

基準階で柱部材や梁部材がほぼ同じ形状になる場合など、それらのコンクリート部材を〔㉒　　〕で製作し、工事現場に搬入して設置する工法のこと。また工場ではなく工事敷地内で、製造することもある。接合部以外のすべてを工場で製作する〔㉓　　〕や、スラブやバルコニーの一部分だけを工場で製作し、取り付けた後、残りのコンクリートを工事現場で打設する〔㉔　　〕がある。

型枠に作用する側圧

コンクリートの打込みによって、柱や壁の型枠にかかる圧力をいい、打込みの速度や高さ、〔㉕　　〕（流動性の程度）、気温、断面寸法などによって決まる。

ポンプ工法によって〔㉖　　〕のコンクリートを急速に打設する場合は、コンクリートが硬化せず、軟らかいうちに連続して打ち込まれる。したがって〔㉗　　〕は、常にコンクリート打込み高さの〔㉘　　〕となるため注意が必要。

システム型枠

鉄筋コンクリートの躯体を施工する際に、使用する型枠を大型化、〔㉙　　〕すると共に、部材の改良などによって、作業の効率化や標準化を行う型枠工法。〔㉚　　〕・サイズ共、自在に設計が可能で、〔㉛　　〕できることから、柱型枠のほか壁型枠、〔㉜　　〕型枠など様々な部位に対応できる。

語群

C型　捨てコンクリート　ワーカビリティー　転用性　位置　高さ　BC型　B型　最大側圧　逃げ墨　側圧　遣方　基準　36　間隔　小型化　21　ハーフPC工法　A型　軟練り　柱列　最下部　フルPC工法　ユニット化　38　スラブ　取外し　組立て方　転用　量　中間部　コンシステンシー　コンクリート寸法図　基準線　定尺物　工場　軸線　20　硬練り　28

関連キーワード

演習問題 関連キーワードに関する次の文章の〔　　　〕部分に、次頁の語群の中から最も適当なものを選んで、記述しなさい。

型枠工事

コンクリートの壁に木目の模様が！？

建物の壁や塀の壁で、「木目の模様がきれいなので、これって何でできているのかなぁと近付いて見てみると、コンクリートの壁だった」ということはないだろうか？

実はこれは、〔①　　　　　〕などを用いた型枠にコンクリートを打設し、杉の木目をコンクリートに転写させたもので、「〔②　　　　　　　　　〕」というもの。

鉄筋工事

鉄筋の種類（鋼種）

建築工事で使用される鉄筋には、一般にSD〔③　　　　〕A（またはSD 295 B）、SD〔④　　　　〕、SD〔⑤　　　　〕、SD〔⑥　　　　〕の材料記号で表される4種類の強度の鋼種がある。材料記号の数字は、〔⑦　　　　〕を示しており、数字が〔⑧　　　　〕ほど強度の〔⑨　　　　〕鉄筋となっている。

鉄筋の継手

鉄筋コンクリート造における鉄筋の継手とは、限られた定尺(長さ)の鉄筋を現場において連続した鉄筋とするための鉄筋の接合、あるいは太さの異なる鉄筋相互の〔⑩　　　　〕である。鉄筋継手は、周辺コンクリートとの〔⑪　　　　〕に期待して鉄筋の〔⑫　　　　〕を伝達するものと、鉄筋の応力を〔⑬　　　　〕伝達するものに大別することができる。前者が〔⑭　　　　　　〕であり、後者が〔⑮　　　　　〕、機械式継手および溶接継手である。

重ね継手

スラブや〔⑯　　　〕筋を主に対象としており、〔⑰　　　〕以上の異形鉄筋には、原則として重ね継手は用いない。JASS 5（日本建築学会『建築工事標準仕様書・同解説　JASS 5　鉄筋コンクリート工事』）に記載の〔⑱　　　〕、梁の主筋以外の鉄筋を対象とした〔⑲　　　〕の長さL_1を示す。

異形鉄筋の重ね継手の長さ　（直線重ね継手の長さL_1）

コンクリートの設計基準強度 Fc（N/mm²）	SD 295 A SD 295 B	SD 345	SD 390	SD 490
18	45d	50d	-	-
21	40d	45d	50d	-
24～27	35d	40d	45d	55d
30～36	35d	35d	40d	50d
39～45	30d	35d	40d	45d
48～60	30d	30d	35d	40d

[注]（1）表中のdは、異形鉄筋の呼び名の数値を表す。
　　（2）直径の異なる鉄筋相互の重ね継手の長さは、細い方のdによる。

直線重ね継手の長さL_1

ガス圧接継手

接合対象とする2本の鉄筋の端面を突き合わせ、酸素と〔⑳　　　〕などのガス炎で接合部を加熱しながら、鉄筋の材軸方向に〔㉑　　　〕して接合する鉄筋の継手工法である。ガス圧接継手の良否は、〔㉒　　　〕の技量に左右されることが多いので、圧接に関する十分な知識と経験のある圧接工を選定し、鉄筋の種類および径に応じて、その種別の〔㉓　　　〕に合格している圧接技量資格者によって施工が行われなければならない。

機械式継手

スリーブまたは〔㉔　　　〕と呼ばれる鋼管と異形鉄筋の節の噛み合いを利用して接合する継手工法で、ねじ節鉄筋継手や〔㉕　　　〕、端部ねじ加工継手などがある。ねじ節鉄筋継手は、鉄筋表面の節がねじ状に形成された異形鉄筋を、内部にねじ加工された鋼管（カプラー）によって接合する工法で、鉄筋とカプラーの隙間に〔㉖　　　〕を注入して固定する継手工法である。

鉄筋の定着

梁の鉄筋は部材同士を結合するために、柱筋は〔㉗　　　〕の中に、梁の鉄筋は〔⑱　　　〕の中に、スラブ筋は梁の中に、それぞれ規定の〔㉘　　　〕分入れることが必要であり、これを定着という。鉄筋の〔㉙　　　〕は、〔㉚　　　〕の材質や〔㉛　　　〕強度などで決められている。

語群

D35　杉板　付着　合板ベニヤ板　降伏点　壁　柱　D32　345　カプラー　加圧　小さい　重ね継手　圧接技量資格者　ガス圧接継手　技量試験　グラウト材　コンクリート　モルタル充填継手　アセチレン　本実型枠コンクリート　継手　定着長さ　大きい　基礎　295　高い　変形点　直接　接合　490　長さ　395　鉄筋　390　強度　応力　付着長さ

関連キーワード

演習問題 関連キーワードに関する次の文章と表の〔　　〕部分に、次頁の語群の中から最も適当なものを選んで、記述しなさい。

鉄筋工事

かぶり厚さ

かぶり厚さとは、鉄筋を覆っているコンクリートの厚さのことで、コンクリートの表面から鉄筋の表面までの〔①　　　〕をいう。かぶり厚さが十分に確保されていないと、コンクリートの〔②　　　〕やひび割れからの水分、塩害などにより鉄筋が〔③　　　〕て鉄筋コンクリートの強度を低下させてしまうため、十分なかぶり厚さを確保する必要がある。鉄筋のかぶり厚さについては、〔④　　　〕にも規定されており、かぶり厚さが確保できていないと〔⑤　　　〕となってしまうため、特に重要な管理項目である。

設計かぶり厚さ （単位：mm）

部材の種類		短期	標準・長期		超長期	
		屋内・屋外	屋内	屋外(2)	屋内	屋外(2)
構造部材	柱・梁・耐力壁	40	40	〔⑥　　〕	40	50
	床スラブ・屋根スラブ	30	30	40	40	50
非構造部材	構造部材と同等の耐久性を要求する部材	30	30	〔⑦　　〕	40	50
	計画供用期間中に維持保全を行う部材(1)	30	30	40	(30)	(40)
直接土に接する柱・梁・壁・床および布基礎の立上り部		\[⑥　　\]				
基礎		〔⑧　　〕				

［注］（1）計画供用期間の級が超長期で計画供用期間中に維持保全を行う部材では、維持保全の周期に応じて定める。
（2）計画供用期間の級が標準および長期で、耐久性上〔⑨　　　〕を施す場合は、〔⑩　　　〕では、最小かぶり厚さを〔⑪　　〕mm減じることができる。

鉄筋のサポート、スペーサー

鉄筋部材の〔⑫　　　〕および所定の〔⑬　　　　〕を確保し、打込みが終わるまで〔⑭　　　〕するために、鉄筋のサポート、〔⑮　　　　〕などを用いる。スラブ・梁底部に用いるスペーサーは、コンクリート打設時の鉄筋の脱落などを考慮し、原則として、〔⑯　　　　〕を使用し、型枠に接する部分については〔⑰　　　　　〕などの防錆処理を行ったものとする。また、〔⑱　　　　〕は、主に梁底部、基礎底部などに用いられる。梁・柱・基礎梁・壁・地下外壁などに用いるスペーサーは、側面に限り、〔⑲　　　〕でもよい。

コンクリート工事

クリープ現象

コンクリートに荷重を〔⑳　　　〕して載荷すると、〔㉑　　　　〕とは別の変形が生じる。この現象をクリープという。

セメントモルタル分が多いほど、〔㉒　　　　〕が大きいほど、〔㉓　　　　〕が長いほど、〔㉔　　　　〕が大きいほど、クリープひずみが〔㉕　　　　〕なるため注意が必要である。

コンクリートの中性化

中性化とは、一般に空気中の〔㉖　　　　〕の作用を受けて、コンクリート中の〔㉗　　　　〕が徐々に〔㉘　　　　〕になり、コンクリートの〔㉙　　　　〕が低下する現象をいい、炭酸化と呼ばれることもある。中性化により、鉄筋の〔㉚　　　　〕が失われ、コンクリートが〔㉛　　　　〕するなどの不具合が生じてしまう。

マスコンクリート

コンクリートは、〔㉜　　　　〕により発熱する。コンクリートの部材断面が〔㉝　　　　〕場合、この水和熱が内部に蓄積し、コンクリート温度が上昇する。コンクリート温度の〔㉞　　　　〕・下降による膨張・収縮が拘束されると、コンクリートに〔㉟　　　　〕が発生しやすくなる。ひび割れ発生の可能性は部材の大きさ以外にも、使用材料、調合、気象条件あるいは施工方法などによって異なってくる。一般には、部材断面の最小寸法が壁状・梁状部材で〔㊱　　　　〕cm以上、マット状部材・柱状部材で〔㊲　　　　〕cm以上の場合は、マスコンクリートといい、温度変化に伴うひび割れの発生が懸念される。

語群

屋外側　ひび割れ　60　30　小さい　かぶり厚さ　80　70　鉄筋のサポート（鋼製）　上昇　法律違反　40　載荷時間　有効な仕上げ　酸化　二酸化炭素　プラスチック製　弾性ひずみ　10　100　作用荷重　炭酸カルシウム　水セメント比　建築基準法　保持　90　位置　大きい　アルカリ化　最短距離　屋内側　50　プラスチックコーティング　水和反応　持続　酸素　錆び　大きく　120　中性化　爆裂　最長距離　アルカリ性　防錆効果　鉄筋のサポート（コンクリート製）　水酸化カルシウム　酸性　スペーサー

関連キーワード

演習問題 関連キーワードに関する次の文章の〔　　〕部分に、次頁の語群の中から最も適当なものを選んで、記述しなさい。

コンクリート工事

アルカリ骨材反応

コンクリートに含まれる〔①　　　　〕の水溶液が骨材の特定成分と反応し、〔②　　　〕やそれに伴う〔③　　　〕を引き起こす現象。〔④　　　　　〕、アルカリ炭酸塩反応、アルカリシリケート反応の3つに分類される。対策として、

① 無反応性〔⑤　　　〕の使用
② 〔⑥　　　　〕、フライアッシュセメントなど混合セメントの使用。
③ コンクリート〔⑦　　　　〕の規制

などがあげられる。

塩害

コンクリートに浸入した塩分中の塩化物イオンが鉄筋を腐食させ、鉄筋の〔⑧　　　〕が生じる。体積膨張に伴いコンクリートの〔⑨　　〕や、ひび割れが発生する。対策として、

(1) 〔⑩　　　　〕を規定値以下とする
(2) 〔⑪　　　　〕を大きくする
(3) 鉄筋表面に〔⑫　　　　〕を施す

などがあげられる。

コンクリートの乾燥収縮により生じるひび割れへの対策

コンクリートの乾燥収縮に伴い、ひび割れが生じる場合がある。主に断面の薄い壁部に多く生じる。できるだけ〔⑬　　　　　〕の小さいコンクリートを採用することや、コンクリート断面積の〔⑭　　〕％以上の横鉄筋を使用することも対策の1つではあるが、計画的にひび割れ位置（〔⑮　　　　〕）を設定し、有害とならないひび割れとする考え方もある。誘発目地間隔は〔⑯　　〕m以内とする。目地深さは壁厚の〔⑰　　　〕以上とする。構造体断面に目地を設ける場合は、工事監理者と協議する。

鉄骨工事

ミルシート

構造用鋼材等の品質の確認は鋼材メーカーの〔⑱　　　　〕（ミルシート）で行う。ミルシートは鉄鋼メーカーが納入時に〔⑲　　　　〕（発注者）へ発行する鋼材の材質を〔⑳　　　　〕する書類である。鋼材メーカーの工場（mill）が発行する書（sheet）という意味の和製英語である。

現寸検査

鉄骨工場の床の黒板上にチョークで、原寸大の鉄骨部材の〔㉑　　　　〕や高さ（矩計）などの詳細寸法、〔㉒　　　　〕、さらには溶接の〔㉓　　　　〕を書くことを〔㉔　　　　〕現寸といい、設計図や鉄骨加工図などとの相違がないことを確認することが〔㉕　　　　〕という。現在では、CAD/CAMや〔㉖　　　　〕が普及しており、パソコン上で〔㉗　　　　〕を描くことができるため、部分的に現寸〔㉘　　　　〕に出力して確認し、工場の床上に現寸を描くことはほとんどなくなった。

高力ボルト接合

高力ボルトには高力六角ボルト、〔㉙　　　　〕、溶融亜鉛めっき高力ボルトがある。接合面は赤錆状態かショットブラスト処理を行い、摩擦力を低下させる〔㉚　　　　〕（黒皮）、浮き錆、塵埃、油脂などは除去する。〔㉛　　　　〕も行わない。

高力ボルトの締付け方法はトルクコントロール法、〔㉜　　　　〕に分類される。1次締めで部材を密着させた後、白色の〔㉝　　　　〕を高力ボルト、〔㉞　　　　〕、座金、母材にかかるように施す。さらに本締め用インパクトレンチで〔㉟　　　　〕を行った後、マーキングを見て〔㉞　　　　〕だけが回転していることを確認する。

ナット回転法の場合は、ナットの回転量が〔㊱　　〕±〔㊲　　〕であることを確認できれば合格とする。

トルシア形高力ボルトの場合は、〔㊳　　　　〕の破断と一群の平均回転角度±〔㊲　　　　〕を確認できれば合格とする。

語群

60　納まり　トルシア形高力ボルト　規格品証明書　120°　骨材　誘発目地　建築主　現寸図　BIM　フィルム　かぶり厚さ　ナット回転法　45　アルカリシリカ反応　0.4　酸性総量　爆裂　30　0.6　90°　現寸検査　ひび割れ　仮締め　アルカリ総量　ボルト回転法　ミルスケール　アルカリ性　特殊コーティング　1/6　4.0　塩化物イオン　酸性　製品検査　膨張　3.5　収縮　塗装　ピンテール　確認　異常膨張　証明　高炉セメント　本締め　乾燥収縮ひずみ　マーキング　床書き　30°　平面　ナット　1/5　手順

関連キーワード

演習問題 関連キーワードに関する次の文章の〔　　〕部分に、次頁の語群の中から最も適当なものを選んで、記述しなさい。

鉄骨工事

建入れ直し

柱や梁などの倒れ、水平度を所定の許容差内に調整するための作業である。建方の進行とともに小区画に区切って調整することが望ましい。〔①　　　〕締付け後に〔②　　　〕をして、〔③　　　〕本締め後に確認して〔④　　　〕する。実際、現場では〔②　　　〕後、〔⑤　　　〕後、〔④　　　〕後、の計3回計測する。仮に〔⑤　　　〕の計測後に許容値を超えていた場合は溶接作業に移行せず、本締めしたボルトを外してでも再調整する。

建入れ直し治具を用いない従来の方法には〔⑥　　　〕、スケール、トランシットなどの測量機械、器具を用いるが、トランシットを使用する場合、XYの2方向から鉛直精度を確認しながら、タスキ掛けにした〔⑦　　　〕を使用して倒れを調整する。〔⑧　　　〕付き筋交いをもつ鉄骨構造物では、その筋交いを用いて建入れ直しを行うと、筋交いに設計以上の〔⑨　　　〕を与えてしまい、〔⑩　　　〕するおそれがあるため行ってはならない。

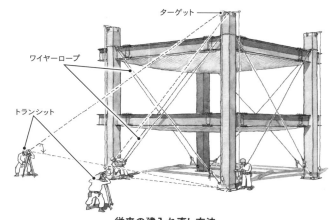

従来の建入れ直し方法

防水工事

アスファルト防水の重ねしろ

アスファルト防水でルーフィング類（防水シート）を重ねる際の幅は〔⑪　　　〕mm程度とする。さらに、〔⑫　　　〕側が〔⑬　　　〕側の上に被るように張ることで、重ね部からの〔⑭　　　〕を防ぐ。

ワーキングジョイント

カーテンウォールのパネル間の〔⑮　　　〕のように、シーリング材の接着面の〔⑯　　　〕が予想される目地部のこと。シーリング材の損傷を防止するために、〔⑰　　　〕とする。

ノンワーキングジョイント

コンクリートの〔⑱　　　〕などの動きを想定していない目地部のこと。シーリング背面の躯体に〔⑲　　　〕が発生した際の〔⑭　　　〕を防ぐため、〔⑳　　　〕とすることが望ましい。

カーテンウォール（CW）工事

バックマリオン

バックマリオンとは、〔㉑　　　〕（方立て）の前面（室外側）に〔㉒　　　〕やパネルが取り付けられる方式。ガラスの場合、外観が総ガラス張りに近いフラットな面に見える。〔㉓　　　〕が代表的な例の1つ。マリオン（方立て）に〔㉔　　　〕機構を設けたものもある。

カーテンウォールの特殊ガラス構法

SSG（Structural Sealant Glazing）構法

シリコーン系などの〔㉕　　　〕でガラスを支持部材に〔㉖　　　〕する構法。

DPG（Dot Point Glazing）構法（点支持孔あき強化ガラス構法）

強化ガラスの〔㉗　　　〕に取り付けた〔㉘　　　〕を介して取り付ける構法。

MPG（Metal Point Glazing）構法（ピース押縁構法）

ガラス〔㉙　　　〕に挟み込んだ〔㉘　　　〕を介して取り付ける構法。

語群

回転　固定金物　SSG構法　仮締め　漏水　水下　構造シーラント　建入れ直し　張力　下げ振り　動き　打継ぎ部　損傷　50　ガラス　高力ボルト　普通ガラス　100　2面接着　本締め　接着　水上　目地　溶接　3面接着　スライド　ターンバックル　本ボルト　マリオン　孔　仮ボルト　小口　固定　ひび割れ　ワイヤーロープ

関連キーワード

演習問題 関連キーワードに関する次の文章と表の〔　　　〕部分に、次頁の語群の中から最も適当なものを選んで、記述しなさい。

タイル工事

タイルの種類と吸水率による分類

タイルの種類と吸水率による分類

区分	旧規格	吸水率	特徴	焼成温度
Ⅰ類	磁器質	〔①　　〕%以下	素地は透明性があり、緻密で硬く、打てば金属製の清音を発する。破砕面は貝殻状を呈する。	1250℃以上
Ⅱ類	せっ器質	10%以下	磁器のような透明性はないが、焼き締まって吸水性が〔②　　　〕。	1200℃前後
Ⅲ類	陶器質	50%以下	素地は多孔質で吸水性が大きく、叩くと濁音を発する。	1000℃以上

主な外装タイルの大きさと目地幅

		実寸法（mm）	標準目地幅（mm）
〔③　　　〕		108 × 60	6〜10
〔④　　　〕		227 × 60	
三丁掛タイル		227 × 90	8〜12
四丁掛タイル		227 × 120	
〔⑤　　　〕	モザイクタイル（ユニットタイル）	95 × 45	5
〔⑥　　　〕		45 × 45	

タイルの剥落防止工法

タイルや下地モルタルの〔⑦　　　〕や剥落を防止するためにポリマーセメントモルタル、〔⑧　　　〕、専用固定器具等を組み合わせて躯体に固定させる工法。各メーカーにより、仕様や施工方法が異なる。

建具工事・ガラス工事

木製建具

木製建具の種類は、大きく分けて框戸と〔⑨　　　〕の2つがある。框戸は戸の周囲に「〔⑩　　〕」と呼ばれる材料を回して、中に板材を挟み込むような構造になっている。重厚なイメージを受けるが、〔⑪　　　〕を入れたり材料を選んだりすることで大きく印象が変わる。一般に〔⑨　　　〕より高価である。フラッシュ戸は框と〔⑫　　〕と呼ばれる材料で骨組をつくり、表面に〔⑬　　〕や合板を張り付ける構造である。骨組と〔⑭　　〕が分かれているので、デザインの自由度が高い。

建具の性能評価方法

建具の性能評価方法について、JIS A 4706・JIS A 4702で、〔⑮　　　〕・気密性・水密性・遮音性・断熱性・開閉力の等級と対応値による試験方法、判定基準などを定めている。水密性は、建具前面に〔⑯　　〕/min・㎡の水を噴射しながら、所定の圧力差を〔⑰　　〕分間保持して、室内側に漏水がない場合にその圧力差の値を表す。この漏水には飛沫が室内側に出ることも含んでいて、漏水のある場合は〔⑱　　〕分くらいで判断できることが多い。噴射水量の〔⑲　　〕ℓは、〔⑳　　　〕時の壁面の〔㉑　　〕を想定したものである。

ガラスの取付け方法

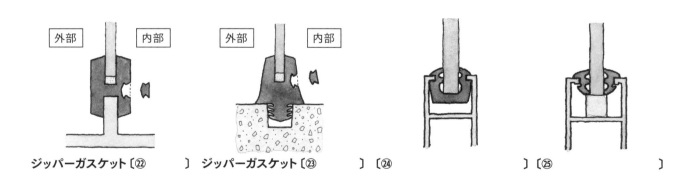

ジッパーガスケット〔㉒　　〕　ジッパーガスケット〔㉓　　〕　〔㉔　　〕　〔㉕　　〕

語群

耐風圧性　二丁掛タイル　H形　桟　50二丁タイル　10　4　20　Y形　グレイジングビード　框　4L
5　豪雨　スリット　小さい　樹脂接着剤　フラッシュ戸　仕上げ材　弾性接着剤　50角タイル　板材　3
浮き　グレイジングチャンネル　雨量　T形　大きい　小口平タイル

関連キーワード

演習問題 関連キーワードに関する次の文章と図の〔　　　〕部分に、次頁の語群の中から最も適当なものを選んで、記述しなさい。

塗装工事

素地

いずれの塗装工程による行為も行われていない面をいう。下地に下塗り材がなじむように、〔①　　　〕や清掃をすることを〔②　　　〕という。

ホルムアルデヒド等級

ホルムアルデヒドは〔③　　　〕の1つで、家具や〔④　　　〕、壁紙を張るための接着剤、〔⑤　　　〕などに含まれている。各種建築材料は、その〔⑥　　　〕の〔⑦　　　〕の放射速度によって使用量が制限されている。その放射速度を等級別に表し、F☆〜F☆☆☆☆の表示で表す。☆が〔⑧　　　〕ほど、人体への影響が少ない。

シックハウス症候群

内装材料に使用された建材中の〔③　　　〕が〔⑨　　　〕を汚染し、目がちかちかしたり、〔⑩　　　〕、身体に〔⑪　　　〕や湿疹などを発症する現象のこと。

軽量鉄骨下地工事・内装工事・ALC工事

軽量鉄骨天井下地の構成

〔⑫　　　　　　　〕
コンクリート打込みの際にあらかじめ埋め込むメスネジ付きの打込み金物。

〔⑬　　　　　　　〕
天井を吊るための長いボルト。

〔⑭　　　　　　　〕
野縁受けを引っ掛けて固定する金物。

〔⑮　　　　　　　〕
野縁を取り付ける細長い材料。吊りボルトにハンガーを取り付け、保持する。

〔⑯　　　　　　　〕
野縁を野縁受けに引っ掛けて固定する金物。

〔⑰　　　　　　　〕
天井板を張るための下地の骨組となる細長い角材。

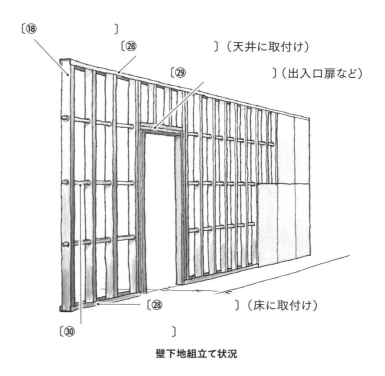

天井下地の構成

軽量鉄骨壁下地の構成

ランナー

〔⑱　　　　〕の位置を固定するためのスラブ面と床面に設ける〔⑲　　　　〕の金物。床に示された墨の位置に合わせて低速式鋲打ち銃による〔⑳　　　　　　〕で固定する。

スタッド

〔㉑　　　　〕。ボードを張る際のビスの〔㉒　　　〕となる。

振れ止め

スタッドの傾きや〔㉓　　　〕を防止する材料。高さ方向で約〔㉔　　　　〕mm間隔に取り付ける。

開口補強材

出入口等の開口部〔㉕　　　　〕と〔㉖　　　　　〕に取り付ける。開口部は扉等が設置され、使用時に開け閉めによる衝撃が加わるため、スタッドより強固な〔㉗　　　　〕が用いられる。

壁下地組立て状況

語群

野縁　ハンガー　1,500　素地調整　下地　室外空気　上部　ランナー　振れ　室内空気　両側　痛み　化学物質　天井インサート　仕上調整　建築資材　1,200　傾き　野縁受け　コの字型　2,000　頭痛　H形鋼　塗料　スタッド　振れ止め　湿疹　けれん錆落とし　化学物質　吊りボルト　L字型　打込みピン　クリップ　開口補強材　間柱　C形鋼　濃度　ホルムアルデヒド　多い　少ない

関連キーワード

演習問題 関連キーワードに関する次の文章と図の〔　　　〕部分に、次頁の語群の中から最も適当なものを選んで、記述しなさい。

軽量鉄骨下地工事・内装工事・ALC工事

ビニルクロス下地処理

〔①　　　　　　　〕の壁や天井面に〔②　　　　　　　〕を張る際に、ボードの〔③　　　　　〕あとを〔④　　　〕しごきにより平滑にする。

ボード継ぎ目

継ぎ目の溝に〔⑤　　　　　〕（ジョイントコンパウンド）を埋め込み、〔⑥　　　　　　〕を張る。さらにその上に〔④　　　〕を中塗り、上塗りして〔⑦　　　〕に仕上げる。

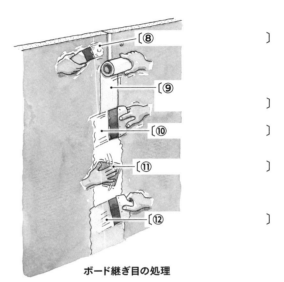

ボード継ぎ目の処理

維持・保全・改修工事

定期報告制度

近年、多数の死者が出る火災事故が発生している。これらの事故において、被害が拡大した原因の1つとして、建築物が適法な状態で〔⑬　　　〕されていなかったことがあげられている。こうした事態をふまえて、〔⑭　　　　　〕を改定し、2016年6月1日から、新たな制度が施行されている。

【建築基準法における〔⑮　　　　　　　〕】

建築基準法第12条においては、建築物、〔⑯　　　　　〕（給排水設備、換気設備、排煙設備、非常用の照明設備）、〔⑰　　　　　〕など、〔⑱　　　　　　〕について、〔⑲　　　　　〕などの状況を定期的に点検する制度が設けられている。具体的には、一定の条件を満たす建築物の〔⑳　　　　〕・管理者の義務として、(1) 専門技術を有する〔㉑　　　　　〕に建築物の調査・〔㉒　　　〕をさせ、(2) その結果を〔㉓　　　　　〕（建築主事を置いている地方公共団体の長のこと）へ〔㉔　　　〕することを定めている。

あと施工アンカー

増設された〔㉕　　　〕やブレースは、既存躯体と〔㉖　　　〕していることで適切に力を伝達する。あと施工アンカーを既存躯体に定着させることで〔㉗　　　〕部材と〔㉘　　　〕躯体とを〔㉙　　　〕する。あと施工アンカーには、大別して〔㉚　　　〕系と接着系があり、既存躯体との定着には所定の〔㉛　　　〕が必要である。

解体工事

産業廃棄物とその処理

建築工事に伴って工事現場から出る〔㉜　　　〕は、排出事業者（〔㉝　　　〕）が適正に処理し、その責任を負う。ゼネコンが、その処理を協力業者に委託するときには、〔㉞　　　〕の管理を徹底して、〔㉟　　　〕などの不正な処理を防止しなければならない。上記の中で、「〔㊱　　　〕、毒性、感染性など人の健康や環境に被害を及ぼすおそれがあるもの」は、〔㊲　　　〕に指定されており、これらの処理・保管には特別の配慮が必要である。

マニフェスト制度

マニフェスト制度には、紙マニフェストと、〔㊳　　　〕がある。紙マニフェストでは、ゼネコンが産業廃棄物の処理を協力業者に委託するときに、マニフェスト（産業廃棄物管理票）と呼ばれる〔㊴　　　〕を作成し、ゼネコンから〔㊵　　　〕→〔㊶　　　〕→〔㊷　　　〕へと適正に廃棄物が受け渡されて最終処理されたことの証として、各業者が〔㊸　　　〕・捺印したマニフェスト帳票が〔㉝　　　〕に返送される。これらの帳票の受渡しを電子媒体で行うものが電子マニフェストであり、建設業界では発行される電子マニフェストの普及率の目標を50％としている（2016年度目標）。

語群

経年劣化　パテ上塗り　資格者　管理　平滑　埋込み深さ　耐震壁　一体化　所有者　ジョイントテープ
建築設備　報告　ガラス繊維製ジョイントテープ　連結　下地調整パテ　昇降機　検査　建築基準法
ゼネコン　マニフェスト　せっこうボード　パテ　サンドペーパー掛け　既存　帳票　不法投棄　防火設備
電子マニフェスト　爆発性　ビス穴のパテ処理　最終処分業者　特定行政庁　署名　定期報告制度　金属
収集運搬業者　中間処理業者　パテ下塗り　特別管理産業廃棄物　産業廃棄物　継ぎ目　ビニルクロス
新設　火災事故

解答

Part 1　建築生産のしくみ

◇ものづくりのしくみを知っておこう（p6）
①維持管理　②建築生産　③建築施工　④施工管理　⑤建築主　⑥工事監理者　⑦利益　⑧ステークホルダー　⑨社会貢献　⑩企業の価値　⑪株主　⑫サプライヤー　⑬品質問題・要望　⑭一般（近隣）　⑮マスコミ　⑯良い商品　⑰社会倫理　⑱社会的課題

◇それぞれの役割（p8）
①施主　②公共施設　③地方自治体　④維持管理　⑤想い　⑥設計業務委託契約　⑦特記仕様書　⑧不具合　⑨是正指導　⑩中立　⑪指導　⑫構造図　⑬作図　⑭整合性　⑮現場監督　⑯施工管理　⑰施工管理能力　⑱調達　⑲工程　⑳生産性向上　㉑技能面　㉒登録基幹技能者　㉓施工　㉔メリット　㉕設計施工一括発注方式　㉖設計図　㉗総合図　㉘分かりやすい表現　㉙入職率　㉚464　㉛215　㉜35　㉝10

◇建築生産の流れ（p10）
①建築プロジェクト　②事業計画　③基本計画　④基本設計　⑤実施設計　⑥フロントローディング　⑦設計業務委託　⑧確認申請　⑨工事請負契約　⑩検査　⑪維持保全　⑫改修　⑬中間検査　⑭受電　⑮特定行政庁　⑯山留め工事　⑰杭工事　⑱点検・保守　⑲設計段階　⑳ノウハウ　㉑生産情報

◇工事に携わる人々と組織体制（p12）
①発注者　②デザイン　③監理　④現場代理人　⑤総括責任者　⑥マネジメント　⑦契約内容確認　⑧業務環境　⑨監理技術者　⑩方針　⑪施工管理　⑫設備サブコン　⑬調整　⑭工事計画　⑮全工期無災害　⑯予実管理　⑰契約工期厳守　⑱3R運動　⑲産業廃棄物　⑳働き方改革の実践　㉑鳶工　㉒コンクリート工事　㉓耐火被覆工　㉔シーリング工　㉕外構工事　㉖配管工　㉗エレベーター工

◇工事に携わるサブコンの技能労働者とその役割（p14）
①地盤調査　②墨出し作業　③支持地盤　④型枠解体　⑤締固め作業　⑥土間専門　⑦高力ボルト　⑧一体化　⑨超音波　⑩ロックウール　⑪アスファルト防水　⑫水の浸入　⑬乾式　⑭セメントモルタル　⑮LGS　⑯ビス　⑰造作大工　⑱衛生器具　⑲シャフト

◇新しいサブコンの技能労働者「登録基幹技能者」（p16）
①生産性の向上　②中核　③提案・調整　④指揮指導　⑤確保・育成・活用　⑥登録基幹技能者　⑦マネジメント能力　⑧国土交通大臣　⑨補佐　⑩処遇改善　⑪10年以上　⑫3年以上　⑬一級技能士　⑭優良技能者認定　⑮作業管理・調整能力　⑯指揮・統率　⑰施工方法　⑱適切な配置　⑲職長　⑳技能者　㉑加点の対象　㉒優良職長手当制度　㉓600

◇工事管理（建築施工）（p18）
①建築・土木工事　②ゼネコン　③サブコン　④建築プロジェクト　⑤幅広い技術力　⑥リニューアル工事　⑦適正な費用　⑧安全　⑨スパイラルアップ　⑩サブコンの技能労働者　⑪マネジメント　⑫Delivery　⑬Environment　⑭施工図　⑮原因　⑯対策　⑰バーチャート　⑱クリティカルパス　⑲工事総合工程表　⑳適正人員　㉑現場代理人　㉒監理技術者　㉓プレハブ事務所　㉔テナントビル　㉕女性専用　㉖日本建設業連合会　㉗設備　㉘明るく活き活き　㉙品質　㉚原価　㉛工程　㉜安全　㉝環境

◇工事管理（建築施工）（p20）
①品質　②無駄　③工程　④安全　⑤環境　⑥危険予知活動　⑦新規入場者教育　⑧安全衛生大会　⑨施工管理業務　⑩QCDSE　⑪総合仮設計画図　⑫山留め壁変形　⑬自主検査　⑭監理者　⑮製品検査　⑯予算の作成　⑰工事出来高の確認　⑱入金管理　⑲工事総合工程表作成　⑳部分工程表　㉑進捗状況　㉒労働基準監督署の届出　㉓毎日計測　㉔地下水　㉕安全作業　㉖現場巡回　㉗近隣　㉘周辺道路　㉙産業廃棄物

Part 2　着工から竣工まで

◇01 準備工事（p24）
1-1 調査
①支持層　②地下工事　③強度（N値など）　④ガス管　⑤掘削工事　⑥配管　⑦深さ　⑧国・地方公共団体　⑨各団体　⑩地下構造躯体　⑪地中障害物　⑫杭工事　⑬撤去作業　⑭時間や費用　⑮地盤沈下　⑯振動　⑰沈下　⑱クラック

⑲クレーム　⑳原因　㉑判別　㉒エビデンス　㉓労働安全衛生法　㉔各官公署　㉕着工前　㉖建築基準法　㉗建築主事　㉘確認　㉙設計者

1-2 仮設工事（p26）

①工事用ゲート　②揚重機械の配置　③仮設電気　④技能労働者の休憩所　⑤仮設給排水衛生設備　⑥墨出し　⑦移動式クレーン　⑧工事監理者　⑨敷地境界　⑩基準地盤高さ　⑪基準点　⑫2カ所以上　⑬仮設工事事務所　⑭仕事がしやすい環境　⑮監理事務所　⑯仮囲い　⑰工事用ゲート　⑱落下物　⑲朝顔　⑳限りある資源　㉑資源循環型社会　㉒ゼロ・エミッション　㉓分別ヤード　㉔電気　㉕電力　㉖生活用水　㉗作業手間　㉘作業日数　㉙各作業条件　㉚調和　㉛プランター　㉜コミュニケーション

◇02 山留め工事（p28）

①掘削　②地下水　③土質　④ソイルセメント柱列壁工法　⑤掘削面積　⑥周辺地盤　⑦逆打ち工法　⑧深い掘削　⑨高い　⑩ソイルセメント　⑪セメント系懸濁液　⑫ヘッド先端　⑬芯材（H形鋼が一般的）　⑭トラブル　⑮変形　⑯沈下　⑰山留め壁　⑱油圧ジャッキ　⑲ピアノ線　⑳傾斜計

◇03 杭工事（p30）

①支持地盤　②上向きに働く　③地盤　④周辺摩擦力　⑤深い　⑥鉄筋かご　⑦アースドリル工法　⑧杭頭処理　⑨余盛り　⑩施工可能長さ　⑪打込み工法　⑫騒音・振動　⑬中掘り工法　⑭地盤調査資料　⑮礫層　⑯積分電流値　⑰ディーゼルハンマー　⑱油圧　⑲オーガー

◇04 土工事（掘削工事）（p32）

①掘削可能深さ　②深さ　③積込み　④掘削底面　⑤乱さない　⑥平爪バケット　⑦GPS機器　⑧バケット　⑨図面どおり　⑩掘削作業　⑪水中ポンプ　⑫井戸用鋼管　⑬井戸周辺　⑭処分地　⑮経路　⑯追跡確認　⑰周辺の道路　⑱木の根　⑲切る　⑳土砂　㉑固定して

◇05 地下躯体工事（p34）

5-1 躯体工事の流れ

①逃げ墨　②ガス圧接　③自主検査　④型枠支保工　⑤コンクリート用合板　⑥規則的　⑦ウマ（架台）　⑧落とし込む　⑨設備配管　⑩検査　⑪強度　⑫期間

5-2 型枠工事（p36）

①留める　②保持・保護　③せき板　④支保工　⑤締付け金物　⑥コンクリート寸法図（躯体図）　⑦型枠加工図　⑧工場（加工場）　⑨地墨　⑩下げ振り　⑪FL（フロアライン）　⑫不安定　⑬自重　⑭堅固　⑮作業主任者　⑯パンク（崩壊）

5-2 型枠工事（p38）

①所要の強度　②ひび割れ　③変形　④繰り返し　⑤転用回数　⑥劣化　⑦塗装合板　⑧無塗装合板　⑨仮設　⑩不要材　⑪成形　⑫設計基準強度　⑬特定支柱　⑭早期解体　⑮直上階　⑯転用効率

5-3 鉄筋工事（p40）

①圧縮力　②引張力　③ひび割れ　④異形棒鋼　⑤機械式継手　⑥鉄筋径（太さ）　⑦鋼種　⑧種類　⑨鉄筋組立図　⑩加工場　⑪シアーカッター　⑫バーベンダー

5-3 鉄筋工事（p42）

①所定の位置　②保持　③結束線　④接合　⑤継手　⑥最短距離　⑦耐久性　⑧精度の確保　⑨スペーサー　⑩鉄筋のサポート　⑪設計図　⑫写真　⑬部材符号　⑭かぶり厚さ　⑮定着長さ　⑯角度　⑰位置　⑱貫通孔補強　⑲地上　⑳安全　㉑書類　㉒自動的

5-4 コンクリート工事（p44）

①セメント　②混和剤　③石灰石　④接着剤　⑤水和熱　⑥5　⑦改善　⑧品質　⑨流動性　⑩スランプ　⑪空気量　⑫塩化物量　⑬練混ぜ　⑭ワーカビリティー　⑮ジャンカ　⑯コールドジョイント　⑰打込み　⑱120　⑲90

5-4 コンクリート工事（p46）

①打設順序　②コールドジョイント　③150　④120　⑤20～30　⑥打込み工区　⑦供試体　⑧流動性　⑨4.5　⑩イオン量　⑪JIS　⑫0.30　⑬打設計画　⑭発注数量　⑮コンクリートポンプ車　⑯棒形振動機　⑰はらみ　⑱かぶり　⑲スリーブ

5-4 コンクリート工事（p48）

①タンピング　②床押え　③木鏝　④金鏝　⑤散水　⑥硬化不良　⑦毛布　⑧乾燥収縮　⑨石灰石　⑩膨張材　⑪誘発目地　⑫コンクリート　⑬構造耐力　⑭施工管理技術者　⑮圧入工法　⑯盛り上げ　⑰清掃口　⑱空洞発生

解答

解答

◇06 地上躯体工事（p50）

6 鉄骨工事
①高所　②安全性　③合理化工法　④無線　⑤地上　⑥天井内設備配管　⑦労務作業　⑧自力　⑨梁鉄筋　⑩鉄骨梁

6 鉄骨工事（p52）
①設計者　②フィルム　③水平台　④アーク溶接　⑤ひずみ取り　⑥非破壊検査会社　⑦超音波探傷検査　⑧水平積上げ　⑨安全設備　⑩仮ボルト　⑪レバーブロック　⑫本ボルト　⑬風

6 鉄骨工事（p54）
①倒壊　②建入れ直し　③吊り足場　④まんじゅう　⑤無収縮　⑥安全な　⑦水平ネット　⑧ボルト　⑨現場溶接　⑩高力ボルト　⑪アーク溶接　⑫開先（グルーブ）　⑬超音波探傷検査器　⑭摩擦力　⑮摩擦接合　⑯トルシア形高力ボルト　⑰ピンテール　⑱マーキング

6 鉄骨工事（p56）
①耐震性　②耐火性　③相乗効果　④構造性能　⑤床型枠　⑥作業用　⑦安全　⑧一体化　⑨打撃曲げ試験　⑩15°　⑪鉄骨溶融　⑫半湿式　⑬乾式巻付　⑭納まり　⑮干渉　⑯建入れ精度　⑰棟上げ式　⑱ゼネコン

column（p58）
地震に対応する技術—耐震・制振（制振）・免震
①堅固　②ごくまれ　③損傷　④倒壊・崩壊　⑤エネルギー　⑥軽減　⑦アイソレータ　⑧軽減率　⑨固有周期　⑩ゆっくり　⑪共振現象　⑫増幅　⑬長周期地震動　⑭共振　⑮60　⑯4

◇07 外装仕上工事（p60）

7-1 防水工事
①雨　②品質管理　③メンブレン　④シーリング　⑤アスファルト　⑥接着性　⑦はじく　⑧270　⑨含浸　⑩勾配　⑪平滑　⑫1/100　⑬水分計　⑭ルーフィング　⑮トーチ　⑯保護コンクリート　⑰絶縁シート　⑱伸縮目地　⑲アスファルトルーフィング

7-1 防水工事（p62）
①合成ゴム　②防水シート　③伸縮　④紫外線　⑤1/50　⑥塩化ビニル樹脂系　⑦接着　⑧機械式固定　⑨ウレタン　⑩出隅・入隅　⑪ハケ　⑫液体状　⑬水密性　⑭不定形　⑮定形　⑯変成シリコーン　⑰下地　⑱プライマー　⑲ドレン部分　⑳漏れない

7-2 カーテンウォール工事（p64）
①デザイン　②風　③脱落　④破損　⑤アルミニウム　⑥プレキャストコンクリート　⑦外装仕上げ　⑧足場　⑨マリオン　⑩スパンドレルパネル　⑪ファスナー　⑫構造体　⑬伸縮変形　⑭誤差　⑮地震　⑯層間変位　⑰損傷　⑱スライド　⑲横長　⑳ロッキング　㉑縦長　㉒揚重機　㉓小型クレーン　㉔結露　㉕排水

7-3 石工事（p66）
①経済性　②薄く　③天然材料　④品質　⑤意匠　⑥粗面　⑦金物　⑧セメントモルタル　⑨総とろ　⑩空積　⑪破損　⑫ファスナー　⑬白華　⑭空隙　⑮変形　⑯石引き金物　⑰シアコネクター　⑱カーテンウォール　⑲ダボ　⑳吸水防止層　㉑湿気　㉒エフロレッセンス　㉓小口　㉔炭酸カルシウム　㉕白い　㉖外見

7-4 左官工事（p68）
①鏝　②最終仕上げ　③下地づくり　④セメントモルタル　⑤下地　⑥細骨材　⑦混和材料　⑧モルタルミキサー　⑨界面　⑩脆い　⑪目荒らし　⑫水分　⑬乾燥　⑭ドライアウト　⑮接着性　⑯塗り回数　⑰接着強度　⑱富調合　⑲貧調合　⑳くし目引き　㉑抱き起し　㉒定規ずり　㉓野丁場　㉔漆喰　㉕珪藻土

7-5 タイル工事（p70）
①大きさ　②うわぐすり　③付着　④裏足　⑤二丁掛　⑥小口平　⑦50角　⑧50二丁　⑨目地　⑩化粧目地　⑪膨張収縮　⑫伸縮調整　⑬シーリング材　⑭一致　⑮ひび割れ誘発目地　⑯コンクリート躯体図　⑰開口位置　⑱目地幅　⑲芋目地　⑳馬目地　㉑フランス張り　㉒イギリス張り

7-5 タイル工事（p72）
①改良積上げ張り　②改良圧着張り　③密着張り　④張付けモルタル　⑤ヴィブラート　⑥モザイクタイル張り　⑧マスク張り　⑦ユニットタイル　⑨マスク　⑩収縮　⑪剥離　⑫ステンレス金物　⑬オープンタイム　⑭時間管理　⑮裏足　⑯テストハンマー　⑰浮き　⑱0.4

◇08 内装仕上工事（p74）

8-1 建具工事
①開閉　②採光　③材質　④鋼製　⑤建具製作図　⑥錆びにくい　⑦耐アルカリ性　⑧押出し　⑨表面処理　⑩熱　⑪溶接

⑫防水剤　⑬サッシアンカー　⑭セメントモルタル　⑮空洞　⑯音鳴り

8-2 ガラス工事 (p76)
①二酸化炭素　②省エネルギー　③日射吸収　④反射率　⑤加熱処理　⑥中間膜　⑦乾燥空気　⑧中空層　⑨コーティング　⑩珪砂　⑪炭酸ナトリウム　⑫吸盤　⑬機械　⑭かかりしろ　⑮勾配　⑯セッティングブロック　⑰自然破損

8-3 塗装工事 (p78)
①美装　②保護　③腐食　④埃　⑤完成品　⑥同一　⑦残り　⑧塗装しにくい　⑨作業環境　⑩養生　⑪顔料　⑫溶剤　⑬透明塗料　⑭有色塗料　⑮記号　⑯SOP　⑰EP　⑱DP　⑲CL　⑳素地　㉑相性　㉒機能

8-3 塗装工事 (p80)
①ローラーブラシ　②はけ　③霧状　④エアスプレーガン　⑤セメント・せっこうボード　⑥油類　⑦耐用年数　⑧付着物　⑨パテかい　⑩素地調整　⑪吸込み調整　⑫上塗り　⑬美装　⑭耐候性能　⑮最終　⑯下塗り　⑰中塗り　⑱化学物質　⑲安全データシート　⑳ホルムアルデヒド　㉑揮発性有機化合物

8-4 軽量鉄骨下地・内装・ALC工事 (p82)
①養生　②陸墨　③1,000　④逃げ墨　⑤軽量鉄骨材　⑥スタッド　⑦吊りボルト　⑧天井インサート　⑨野縁　⑩200　⑪2　⑫特定天井　⑬せっこうボード　⑭パテ処理　⑮Tバー　⑯事務室

8-4 軽量鉄骨下地・内装・ALC工事 (p84)
①せっこうボード　②GL工法　③金鏝押え　④セルフレベリング　⑤配線　⑥床パネル　⑦防振ゴム　⑧耐震性能　⑨熱伝導率　⑩断熱効果　⑪ウレタンフォーム　⑫高温高圧蒸気　⑬軽量　⑭耐火性　⑮間仕切り壁　⑯面積　⑰空間　⑱不燃材料　⑲耐火認定

◇09 設備工事 (p86)

9-1 電気設備工事
①受変電設備　②低圧電圧　③キュービクル式配電盤　④予備電源　⑤非常用　⑥保安用　⑦高圧　⑧低圧　⑨送電　⑩大電流　⑪動力制御盤　⑫バスダクト　⑬電灯分電盤　⑭照明器具　⑮コンセント回路　⑯通信　⑰電話設備　⑱高圧電力ケーブル

9-2 空気調和設備工事 (p88)
①温水　②熱媒　③冷凍機　④ボイラー　⑤熱源機　⑥室外機　⑦室内機　⑧個別　⑨ビルマル　⑩ファンコイルユニット　⑪空調機　⑫空調空気　⑬各ゾーン　⑭定風量　⑮変風量　⑯冷温水　⑰個別制御性　⑱排気　⑲低く　⑳便所

9-3 給排水衛生設備工事 (p90)
①水　②臭気　③封水　④50　⑤100　⑥給水管　⑦ステンレス鋼鋼管　⑧排水管　⑨硬質塩化ビニル管　⑩受水槽　⑪高置水槽　⑫重力　⑬衛生器具　⑭給水圧力　⑮局所給湯方式　⑯中央給湯方式　⑰病院　⑱排水ポンプ　⑲低い　⑳勾配　㉑下水道本管

9-4 昇降機設備工事・機械式駐車設備工事 (p92)
①ロープ式　②巻胴式　③機械室　④巻上機　⑤効率　⑥上部　⑦31　⑧60　⑨予備電源　⑩30　⑪連動　⑫支持部　⑬かかりしろ　⑭垂直循環方式　⑮二段方式　⑯パレット　⑰循環

9-5 防災設備工事 (p94)
①消火器　②スプリンクラー設備　③危険物　④水噴霧消火器　⑤居住者　⑥廊下　⑦1号　⑧2号　⑨地下街　⑩送水口　⑪放水口　⑫停電　⑬照度　⑭吸引　⑮加圧　⑯大臣認定　⑰特別避難階段　⑱給気口　⑲排煙機

9-6 建築と設備のかかわり (p96)
①平面詳細図　②各設備　③総合図　④鉄筋　⑤スリーブ　⑥インサート　⑦鉄骨　⑧機械室　⑨熱源機器　⑩給排水　⑪性能　⑫試運転調整　⑬絶縁試験　⑭気密試験　⑮風量　⑯免震層　⑰変位　⑱可とう性継手　⑲余長　⑳破損　㉑免震クリアランス　㉒室内環境　㉓再生可能エネルギー　㉔マイナス

◇10 外構・その他工事 (p98)

10-1 外構・その他工事
①浄化槽　②排水基準　③着工時の段階　④配管の位置　⑤貯水タンク　⑥インターロッキング　⑦高さ　⑧上下水道　⑨路床　⑩路盤　⑪舗装工事　⑫植樹時期　⑬枯れ保証　⑭緑地面積　⑮屋上緑化率　⑯生態系

10-2 検査・引渡し (p100)
①工事監理者　②消防用設備　③建築基準法　④確認申請　⑤確認検査済証　⑥分譲マンション　⑦エンドユーザー　⑧装置の操作　⑨扉の鍵　⑩グランドマスターキー　⑪維持保全の手引き　⑫保全と管理　⑬建築物の堅牢

解答

Part 3　維持・保全・改修工事

◇維持・保全・改修工事（p104）
1 点検・保守
①建物診断　②耐震補強工法　③十分な保全　④劣化　⑤機能低下　⑥予防保全　⑦構造強度　⑧耐震性
⑨耐震補強工事
2 修理・修繕・更新
⑩機能が低下　⑪機能を維持　⑫修理・修繕　⑬色褪せ　⑭機能が不能　⑮物理的　⑯定期的
3 改修工事（p106）
①新耐震設計基準　②耐震改修促進法　③歴史的　④耐震性能　⑤炭素繊維シート　⑥エポキシ樹脂　⑦柱のせん断耐力
⑧角形鋼板　⑨無収縮モルタル　⑩鉄筋コンクリート　⑪溶接金網　⑫免震装置　⑬免震建築　⑭居ながら　⑮吊り天井
⑯6　⑰200　⑱2　⑲クリアランス
3 改修工事（p108）
①雨風　②劣化　③騒音・振動　④クラックスケール　⑤錆びて　⑥防錆剤　⑦アンカーピンニング　⑧ピンネット工法
⑨赤外線装置法　⑩テストハンマー　⑪熱伝導率　⑫立て配管　⑬パイプシャフト　⑭用途変更　⑮耐用年数

Part 4　解体工事

◇解体工事（p112）
①アスベスト　②有害物質　③建設副産物対策　④調査　⑤鉄骨切断機　⑥ガス溶断器　⑦圧砕機　⑧砕いて解体
⑨ダイヤモンド　⑩ワイヤー　⑪高速回転　⑫騒音・振動
◇解体工事（p114）
①山留め　②新築工事　③構造体強度　④超硬ビット　⑤ケーシングチューブ　⑥干渉する　⑦ケーシング　⑧摩擦抵抗
⑨建設副産物　⑩分別　⑪建設リサイクル法　⑫再資源化　⑬廃棄物処理法　⑭防音パネル　⑮騒音防止　⑯湿潤化
⑰特定建設作業　⑱85　⑲75

関連キーワード

（p118）
①代理人　②常駐　③実務　④監理技術者　⑤兼務　⑥管理　⑦指導監督　⑧4,000　⑨6,000　⑩監理技術者　⑪3,500
⑫7,000　⑬専任　⑭請負金額　⑮元請・下請　⑯現場ごと　⑰500　⑱主任技術者　⑲不要　⑳建築主　㉑施工者
㉒工事請負契約　㉓安全管理活動　㉔安全朝礼　㉕サイクル　㉖危険予測　㉗労働災害　㉘施工管理技術者　㉙健康状態
（p120）
①順序　②作業　③開始　④終了　⑤余裕時間　⑥実施段階　⑦長い　⑧工程管理　⑨横線工程表　⑩横棒　⑪後先
⑫合意形成　⑬設備機器　⑭試験・調査　⑮標準貫入試験　⑯スウェーデン式サウンディング試験　⑰1　⑱N値
⑲地盤の堅さ　⑳30　㉑打撃回数　㉒50　㉓支持地盤　㉔2.0　㉕0.005
（p122）
①200　②1　③2　④31　⑤10　⑥労働基準監督署長　⑦型枠支保工　⑧足場の組立て　⑨88条申請　⑩仮囲い
⑪揚重機　⑫仮設工事事務所　⑬作業用足場　⑭墨出し　⑮水平位置　⑯位置　⑰養生　⑱基準点　⑲電気機械工具
⑳キュービクル　㉑電力　㉒受電容量
（p124）
①掘削底面　②砂質地盤　③地下水　④沸き上がってくる　⑤根入れ　⑥地下水位　⑦粘性土地盤　⑧ふくれ上がる
⑨上向き　⑩持ち上げられる　⑪揚水　⑫構造躯体　⑬基礎構造物　⑭潜函工法　⑮ベノト工法　⑯場所打ちコンクリート杭
⑰ケーシング　⑱崩壊　⑲杭断面　⑳超音波　㉑直径　㉒埋込み工法　㉓スパイラルオーガー　㉔中空部　㉕圧入
㉖油圧ハンマー　㉗セメントミルク　㉘一体化　㉙杭頭処理　㉚斫り　㉛騒音　㉜せっこう　㉝膨張　㉞クラック
㉟余盛り部分

(p126)
①GPSアンテナ　②座標値　③1.5　④1.8　⑤ウェルポイント　⑥吸水管　⑦0.7　⑧2　⑨真空ポンプ　⑩排水　⑪浅い　⑫地下水　⑬放流先　⑭ディープウェル　⑮地中　⑯回復　⑰地下躯体　⑱土　⑲沈下　⑳30　㉑水締め　㉒転圧　㉓締め固める　㉔流動化処理土　㉕コンクリートパネル　㉖支持　㉗支柱　㉘パイプサポート　㉙3　㉚フォームタイ　㉛くさび金物

(p128)
①間隔　②側圧　③B型　④C型　⑤BC型　⑥コンクリート寸法図　⑦転用性　⑧定尺物　⑨取外し　⑩組立て方　⑪柱列　⑫軸線　⑬基準線　⑭位置　⑮基準　⑯逃げ墨　⑰遣方　⑱捨てコンクリート　⑲28　⑳21　㉑36　㉒工場　㉓フルPC工法　㉔ハーフPC工法　㉕コンシステンシー　㉖軟練り　㉗最大側圧　㉘最下部　㉙ユニット化　㉚高さ　㉛転用　㉜スラブ

(p130)
①杉板　②本実型枠コンクリート　③295　④345　⑤390　⑥490　⑦降伏点　⑧大きい　⑨高い　⑩接合　⑪付着　⑫応力　⑬直接　⑭重ね継手　⑮ガス圧接継手　⑯壁　⑰D35　⑱柱　⑲継手　⑳アセチレン　㉑加圧　㉒圧接技量資格者　㉓技量試験　㉔カプラー　㉕モルタル充填継手　㉖グラウト材　㉗基礎　㉘長さ　㉙定着長さ　㉚鉄筋　㉛コンクリート

(p132)
①最短距離　②中性化　③錆び　④建築基準法　⑤法律違反　⑥50　⑦40　⑧70　⑨有効な仕上げ　⑩屋外側　⑪10　⑫位置　⑬かぶり厚さ　⑭保持　⑮スペーサー　⑯鉄筋のサポート（鋼製）　⑰プラスチックコーティング　⑱鉄筋のサポート（コンクリート製）　⑲プラスチック製　⑳持続　㉑弾性ひずみ　㉒水セメント比　㉓載荷時間　㉔作用荷重　㉕大きく　㉖二酸化炭素　㉗水酸化カルシウム　㉘炭酸カルシウム　㉙アルカリ性　㉚防錆効果　㉛爆裂　㉜水和反応　㉝大きい　㉞上昇　㉟ひび割れ　㊱80　㊲100

(p134)
①アルカリ性　②異常膨張　③ひび割れ　④アルカリシリカ反応　⑤骨材　⑥高炉セメント　⑦アルカリ総量　⑧膨張　⑨爆裂　⑩塩化物イオン　⑪かぶり厚さ　⑫特殊コーティング　⑬乾燥収縮ひずみ　⑭0.6　⑮誘発目地　⑯3.5　⑰1/5　⑱規格品証明書　⑲建築主　⑳証明　㉑平面　㉒納まり　㉓手順　㉔床書き　㉕現寸検査　㉖BIM　㉗現寸図　㉘フィルム　㉙トルシア形高力ボルト　㉚ミルスケール　㉛塗装　㉜ナット回転法　㉝マーキング　㉞ナット　㉟本締め　㊱120°　㊲30°　㊳ピンテール

(p136)
①仮ボルト　②建入れ直し　③高力ボルト　④溶接　⑤本締め　⑥下げ振り　⑦ワイヤーロープ　⑧ターンバックル　⑨張力　⑩損傷　⑪100　⑫水上　⑬水下　⑭漏水　⑮目地　⑯動き　⑰2面接着　⑱打継ぎ部　⑲ひび割れ　⑳3面接着　㉑マリオン　㉒ガラス　㉓SSG構法　㉔スライド　㉕構造シーラント　㉖固定　㉗孔　㉘固定金物　㉙小口

(p138)
①3　②小さい　③小口平タイル　④二丁掛タイル　⑤50二丁タイル　⑥50角タイル　⑦浮き　⑧弾性接着剤　⑨フラッシュ戸　⑩框　⑪スリット　⑫桟　⑬板材　⑭仕上げ材　⑮耐風圧性　⑯4L　⑰10　⑱5　⑲4　⑳豪雨　㉑雨量　㉒H形　㉓Y形　㉔グレイジングチャンネル　㉕グレイジングビード

(p140)
①けれん錆落とし　②素地調整　③化学物質　④建築資材　⑤塗料　⑥ホルムアルデヒド　⑦濃度　⑧多い　⑨室内空気　⑩頭痛　⑪痛み　⑫天井インサート　⑬吊りボルト　⑭ハンガー　⑮野縁受け　⑯クリップ　⑰野縁　⑱スタッド　⑲コの字型　⑳打込みピン　㉑間柱　㉒下地　㉓振れ　㉔1,200　㉕両側　㉖上部　㉗C形鋼　㉘ランナー　㉙開口補強材　㉚振れ止め

(p142)
①せっこうボード　②ビニルクロス　③継ぎ目　④パテ　⑤下地調整パテ　⑥ジョイントテープ　⑦平滑　⑧ビス穴のパテ処理　⑨ガラス繊維製ジョイントテープ　⑩パテ下塗り　⑪サンドペーパー掛け　⑫パテ上塗り　⑬管理　⑭建築基準法　⑮定期報告制度　⑯建築設備　⑰昇降機　⑱防火設備　⑲経年劣化　⑳所有者　㉑資格者　㉒検査　㉓特定行政庁　㉔報告　㉕耐震壁　㉖一体化　㉗新設　㉘既存　㉙連結　㉚金属　㉛埋込み深さ　㉜産業廃棄物　㉝ゼネコン　㉞マニフェスト　㉟不法投棄　㊱爆発性　㊲特別管理産業廃棄物　㊳電子マニフェスト　㊴帳票　㊵収集運搬業者　㊶中間処理業者　㊷最終処分業者　㊸署名

本書の制作にあたって、多くの文献・資料を参考にさせていただきました。ここに改めて謝辞を申し上げます。

出典一覧

建設業振興基金『登録基幹技能者共通テキスト』2013年（建築生産のしくみ：登録基幹技能者、16〜17頁）
建設業労働災害防止協会（平成27年度）建設業労働災害防止対策実施事項「安全施工サイクル運動」実施要項より作成（建築生産のしくみ：安全施工サイクル例、20頁）
日本建築士会連合会編『監理技術者講習テキスト』2015年（型枠工事：トピック　特定支柱を用いた型枠支保工の早期解体工法、39頁）
日本建築学会『建築工事標準仕様書・同解説JASS 5　鉄筋コンクリート工事』2018年（コンクリート工事：フレッシュコンクリートの練混ぜから打込み終了までの時間の限度の規定、45頁）
日本建築士会連合会編『監理技術者講習テキスト』「第8章　耐震構造・免震構造・制震構造」2015年より作成（column：上部文章、58〜59頁）
日本建設業連合会 関西委員会編『イラスト「建築施工」改訂版』2014年より作成（column、58〜59頁）
太田外氣晴・座間信作『巨大地震と大規模構造物　-長周期地震動による被害と対策-』2005年、共立出版（column：地震波の周期範囲と構造物の固有周期、59頁）
竹中工務店『建物維持保全の手引』（修理・修繕・更新：経過年数に基づく建物機能レベルイメージ、105頁）
日本建築士会連合会編『監理技術者講習テキスト』2015年（改修工事：トピック コンバージョン文章、109頁）
地盤工学会『2009 地盤材料の工学的分類法』（関連キーワード 準備工事：土の分類、121頁）
竹中工務店『根切り・山留め工事に関する設計・施工指針』（関連キーワード 土工事：掘削土の単位体積重量の目安、126頁）
日本建築学会『建築工事標準仕様書・同解説　JASS5　鉄筋コンクリート工事』2018年（関連キーワード 鉄筋工事：異形鉄筋の重ね継手の長さ、130頁）
竹中工務店資料（関連キーワード カーテンウォール工事：カーテンウォールの特殊ガラス構法、137頁）
戸田建設『施工マニュアル　タイル工事』（関連キーワード タイル工事：タイルの種類と吸水率による分類、主な外装タイルの大きさと目地幅、138頁）
JIS A 5209 2010（関連キーワード タイル工事：タイルの種類と吸水率による分類、主な外装タイルの大きさと目地幅、138頁）

参考文献（順不同）

日本建設業連合会 関西委員会編『イラスト「建築施工」改訂版』2014年
日本建築士会連合会編『監理技術者講習テキスト』2015年
国土交通省大臣官房官庁営繕部監修『公共建築工事標準仕様書 建築工事編 平成28年版』公共建築協会
国土交通省大臣官房官庁営繕部監修『建築工事監理指針』公共建築協会
JIS Z 3001
日本建築学会『建築工事標準仕様書・同解説　JASS2　仮設工事』2006年
日本建築学会『建築工事標準仕様書・同解説JASS 4　杭・地業および基礎工事』2009年
日本建築学会『建築工事標準仕様書・同解説　JASS 6　鉄骨工事』2015年
日本建築学会『建築工事標準仕様書・同解説JASS 8　防水工事』2014年
日本建築学会『建築工事標準仕様書・同解説JASS 9　張り石工事』2015年
日本建築学会『建築工事標準仕様書・同解説JASS15　左官工事』2008年
日本建築学会『建築工事標準仕様書・同解説JASS17 ガラス工事』2004年
日本建築学会『建築工事標準仕様書・同解説JASS19　磁気質タイル張り工事』2012年
日本建築学会『建築工事標準仕様書・同解説JASS24　断熱工事』2013年
日本建築学会『建築工事標準仕様書・同解説JASS26　内装工事』2006年
『建築大辞典 第2版』彰国社、1998年
『広辞苑　第6版』岩波書店、2008年
建設業振興基金『登録基幹技能者共通テキスト』2013年
地域開発研究所 建築施工管理技術研究会『建築施工管理用語集』2001年
地域開発研究所 土木施工管理技術研究会『土木施工管理技士のための土木用語集』2000年
井上書院建築慣用語研究会『建築カタカナ語略語辞典　増補改訂版』2001年
総合資格『平成28年版　建築関係法令集　法令編』2015年
三原斉・土田裕康『2級建築施工管理技士[実地]出題順合格できる記述添削と要点解説』彰国社
三原斉編『1級建築施工管理技士[学科]ジャンル別暗記ポイントと確認問題』彰国社
日本造園組合連合会『造園施工必携［改訂新版］』2011年
地盤工学会『地盤工学・実務シリーズ30　土の締固め』地盤工学会（丸善）、2012年
ものづくりの原点を考える会『建築携帯ブック　現場管理　改訂2版』井上書院、2015年
石井雄輔、江口清『現場技術者に教える「施工」の本〈躯体編〉』建築技術、2006年
大久保孝亜昭ほか『シリーズ建築施工　図解型枠工事』東洋書店、2003年
大成建設『2011建築施工技術基準7　コンクリート工事』2011年
日本建築学会『鉄筋コンクリート造建築物の収縮ひび割れ制御設計・施工指針（案）・同解説』2006年
日本建築学会『建築工事標準仕様書・同解説JASS 5　鉄筋コンクリート工事』2018年
日本建築学会『建築工事標準仕様書・同解説JASS 6　鉄骨工事』2015年
鹿島建設『建築施工ハンドブック6　鉄骨工事』

仮設工業会『墜落防止設備等に関する技術基準』
総合資格『1級建築士講座テキスト　施工』
日本化成カタログ
太平洋マテリアル パンフレット
施工管理者養成委員会『新現場マンのための施工管理者養成講座』彰国社
日本サッシ協会「窓の性能とJIS基準について」
公共建築協会『わかりやすい建築工事7　塗装工事』大成出版社
大成建設『2011建設施工技術基準28　屋外工事』
鹿島建設『建築施工ハンドブック21-1　PCカーテンウォール工事』
井上宇市監修『建築設備』市ヶ谷出版社、1996年
日本建設業連合会 関西委員会編『建築屋さんのための設備入門』2014年
逸見義男・鈴木康夫・塚本正己監修／建築施工管理研究会著『建築施工管理のチェックポイント』彰国社、2007年
大阪建設業協会『知っておきたい解体工事』2016年
川口健一監修『建築のすべてがわかる本』ナツメ社、2010年
青山良穂・武田雄二『建築施工』学芸出版社、2004
稲垣秀雄『絵で見る建築工事のポイント』彰国社、1991年
彰国社編『施工計画ガイドブック』彰国社、1985年
久冨洋・国富英治『図説 建築施工入門』彰国社、1971年
建築図解事典編集委員会編『図解事典 建築のしくみ』彰国社、2001年
大屋準三・清水孝・中村敏昭『イラストでみる建築工事の墨出しマニュアル』彰国社、2004年
森村武雄監修『建築設備工事の進め方』市ヶ谷出版、1982年
大阪建設業協会『若手技術者のための知っておきたい仮設計画』2012年
日本建築士会連合会『監理技術者講習テキスト』2015年
多湖弘明『鳶』洋泉社、2014年
工藤政志『東京スカイツリー』角川書店、2012年
江口満『キリハラ 施工要領書』2014年
大浜庄司『絵で学ぶビルメンテナンス入門』オーム社、2013年
「建築技術」2011年7月号
「新建築」1994年1月号
「日経アーキテクチュア」日経BP社2016年8月25日号
「日経コンストラクション」1994年10月14日号
「日経アーキテクチュア」1993年12月20日号
「セレクシーズブックストア 聖ドミニカ教会店」(清水玲奈『世界で最も美しい本屋』エクスナレッジ、2013年)
建築技術教育普及センター『建築士定期講習テキスト 平成28年度 第1版』2016年

参考にしたwebサイト（順不同）

日本建設業連合会	南都産業
日本建設業連合会鉄骨専門部会	日綜産業
環境省	大隈
経済産業省	建築資料研究社
資源エネルギー庁	日本鉄筋継手協会
鹿島建設	日本溶接協会/溶接情報センター
Doka	日本免震構造協会
PERI	エヴァー・グリーン
成幸利根	日本陶業
三光創業	三協立山
三洋工業	三光総業
ジェコス	旭硝子
乾式ダイアモンド工法研究会	中島硝子工業
東芝エレベーター	無機質コーティング協会
コムテック	ダイケン
SMW協会	桐井製作所
SY工法協会	吉野石膏
豊洲パイル	日本エレベーター協会
ジャパンパイル	ダイヤリフォーム
コマツレンタル	セメダイン
合同製鐵	全日本外壁ピンネット工事業協同組合
朝日工業	セラミックアーカイブス
小泉鉄筋	陽は西から上る！関西のプロジェクト探訪

穴埋め式　施工がわかる建築生産入門ワークブック

2018年11月10日　第1版　発　行

編　者　　一般社団法人 日本建設業連合会
イラスト　　川　﨑　一　雄
発行者　　下　出　雅　徳
発行所　　株式会社　彰　国　社

162-0067 東京都新宿区富久町8-21
電話　03-3359-3231（大代表）
振替口座　00160-2-173401

印刷：真興社　製本：誠幸堂

著作権者との協定により検印省略

自然科学書協会会員
工学書協会会員

Printed in Japan

©株式会社彰国社（代表）　2018年

ISBN 978-4-395-32122-3 C3052　　http://www.shokokusha.co.jp

本書の内容の一部あるいは全部を、無断で複写（コピー）、複製、および磁気または光記録媒体等への入力を禁止します。許諾については小社あてご照会ください。